教育法律经典译丛

特殊教育法要义

THE ESSENTIALS OF

SPECIAL EDUCATION LAW

美 | 安德鲁·M.马克尔茨　大卫·F.贝特曼 | 著
ANDREW M. MARKELZ　DAVID F. BATEMAN

刘玥　译

上海人民出版社

第三部分　其他问题

第十章　纪律处分 / 143

第十一章　过渡和相关服务 / 156

前　言

特殊教育法是一个对教师、管理者和家庭都非常重要的话题。我们撰写本书的目的是为教师培养项目以及该领域的专业人士提供有价值的帮助。绝大多数本科教师培养项目中都没有专门的特殊教育法课程。通常情况下，本法律主题会被忽视，或根据个别教师的决定而碎片化地穿插在课程中。目前的特殊教育法教科书针对的是研究生层次的课程，内容过于宽泛，不适合在本科阶段作为辅助教材使用。这本书是理想的辅助教材，任何本科课程都可以采用，可以更系统地涵盖教师和管理者所真正需要的特殊教育法知识。我们撰写这本书的目的就是要简化复杂的法律术语、立法、法规和判例法。《特殊教育法要义》是了解特殊教育法律的简明而全面的资源。

本书第一部分介绍了政府在建立和规定特殊教育方面所扮演的角色。对塑造特殊教育领域的开创性判例和立法举措进行了探讨，为理解今天的特殊教育提供了历史背景。第二部分探讨了 2004 年《残疾人教育法》（Individuals with Disabilities Education Act of 2004）的六大支柱，对每个支柱都列出了具有影响力的关键判例，以及依法实施的实用技巧。第三部分涵盖了每位特殊教育工作者所必须熟悉的重要主题，如纪律处分、保密性和过渡服务。在每章中，都给出了重点术语和问题，以促进课堂深入讨论。

我们希望本书能成为教师、管理者和家庭的宝贵资源。起初，特殊教育法可能让人望而生畏；但是，一旦了解了立法、法规和判例法的基本内容和相互关系，任何人都可以拥有一个坚实的基础来作出合法的决策。正如你即将读到的，特殊教育的发展趋势令人充满希望；然而，所取得的进展并非一蹴而就。了解和应用特殊教育法将继续通过努力和倡导，推进残疾学生的权利保障。

第一部分
政府的角色

第一章
政府和特殊教育

作为特殊教育教师，我们不仅仅是法律的遵守者；我们也可以是法律的制定和参与者。实现转变的第一步是了解政府的工作方式。

——萨拉·纳格罗博士（Dr. Sarah Nagro）

乔治梅森大学（George Mason University）

美国政府是一种联邦制结构，由州政府联盟和中央联邦政府组成。美国独立战争后，1787 年，由前十三个州签署通过的《美国宪法》(U.S. Constitution) 划定了联邦政府和州政府的分权。《美国宪法》是美国法律的基本渊源。其将权力和职责划分给政府的三个部门，同时也对州的权力进行了规定。特别是第十修正案明确规定，《美国宪法》中未明确规定授予联邦政府的所有权力均保留给各州（图 1.1）。通过法律、法规和司法解释的相互作用，美国政府在为残疾学生提供特殊教育方面发挥了至关重要的作用。本章将讨论美国联邦政府的基本情况，并回答以下主要问题：

1. 政府的三个部门是什么？

2. 法律的四个渊源是什么？

3. 政府的三个部门是如何影响特殊教育的？

4. 哪里可以找到更多关于政府三个部门的信息？

4

> 宪法未授予合众国、也未禁止各州行使的权力，保留给各州行使，或保留给人民行使之。

图1.1　《美国宪法》第十修正案

政府的三个部门是什么？

在为争取独立而与君主制（即国王制）斗争后，开国元勋们力图防止一个单一的控制机构掌握过多的权力。为了实现这一目标，《美国宪法》将联邦政府划分为三个部门，以确保任何个人或团体都不会拥有过多权力。宪法条款规定了各部门的具体职责及其对其他部门的监督权力。

立法部门

立法部门又称国会，负责制定法律。国会设有专门负责特定立法领域的委员会，并通过议会程序起草、辩论立法，然后投票批准或否决立法。

国会设立的目的是制定法律，并在联邦政府内部密切地代表着各州人民的意愿。为此，国会由两个机构组成：参议院和众议院。一项立法必须在参议院和众议院都获得通过之后，才能成为法律。

参议院。每个州都会选出两名参议员，共有100名参议员。参议员任期为六年，没有任期次数限制。参议员由各州的选民（consti-tuent）选举产生，代表全州的选民；因此，每位参议员在提出立法提案和投票时，必须考虑本州全体人民的政治愿望。

参议员在投票时确实拥有更大的灵活性来处理更具政治争议的议题，因为六年的任期为他们提供了在两次选举之间解释和捍卫投票的时间。参议院被认为是国会内部对立法进行缓慢而审慎的辩论的机构，有时甚至是阻挠性的。

众议院。众议院由各州选出的 435 名代表组成，他们代表其所在州的一部分地区，称为国会选区。国会选区的平均人口约为 75 万（Desilver，2018）。因此，人口较多的州比人口较少的州拥有更多的代表。代表任期为两年，没有任期次数限制。这种更快的选举周期要求代表对其选民的政治意愿作出更快的反应。

此外，国会选区往往在政治上更为同质化，这使得众议员的意识形态立场更坚定，而参议员则试图代表更广泛的政治意识形态。众议院被认为是国会内部最能响应选民不断变化的政治风向，并迅速提出相应立法建议的机构。

行政部门

行政部门的最高权力者是美国总统。正如《美国宪法》第 2 条规定，除了总统为军队的总司令外，行政部门还负责执行国会通过的法律。换句话说，行政部门负责执行和监督法律。为了帮助总统完成这项任务，他们设立了一个由顾问和部门部长组成的内阁，负责监督行政部门的特定领域，并协助总统和副总统执行其议程和执法。图 1.2 是总统内阁各部门列表。

每个部门都是一个庞大的组织，拥有等级森严的权力结构和数千名职员，有的甚至有数百万职员（例如国防部）。国会通过的法律通常措辞含糊，且从未描述新法律应该如何实施。因此，行政部门美国农业部(U.S. Department of Agriculture）　　美国商务部(U.S. Department of Commerce）

美国国防部(U.S. Department of Defense）　　美国教育部(U.S. Department of Education）

美国能源部(U.S. Department of Energy）　　美国卫生与公众服务部（U.S. Department of Health and Human Services）

美国国土安全部(U.S. Department of Homeland Security）

美国司法部(U.S. Department of Justice）　　美国住房部(U.S. Department of Housing）

美国国务院(U.S. Department of State）　　美国劳工部(U.S. Department of Labor）

美国财政部(U.S. Department of Treasury）　　美国内政部(U.S. Department of the Interior）

美国退伍军人事务部（U.S. Department of Veterans Affairs）　　美国交通部(U.S. Department of Transportation）

图 1.2　总统内阁 15 个部门清单

有责任解释新法律的内涵，并提供如何实施它的指导。例如，当2015 年《每个学生都成功法》(Every Student Succeeds Act of 2015)（将在第二章中讨论）由国会通过并由奥巴马（Obama）总统签署成为法律后，教育部就有责任向州政府和学校官员传达新法律是如何改变了先前根据 2001 年《不让一个孩子掉队法》（No Child Left Behind Act of 2001）所制定的法律规定的。

有时，联邦法律是综合性的，对以往政策的修改很广泛，并影响到众多美国人。其他时候，法律可能更具体，只影响一个小行业或特定群体。

无论哪种方式，行政部门都负责执行国会通过的新法律，并确保这些法律得到实施和遵守。

司法部门

司法部门负责解释法律的含义，将法律适用于个案，并审定法律是否违反宪法。通常，立法中的模糊措辞会给负责执行法律的人带来困惑。司法部门充当裁判，澄清法律的含义，并解决原告和被告之间的诉讼争议。

由于《美国宪法》是法律的基本渊源，因此任何立法部门的法律或行政部门的政策都不能违反宪法。根据《美国宪法》第 3 条，司法部门负责作出这些裁决。总统提名终身任职的法官，国会投票决定被提名人是否可以任职。司法部门由近 100 个美国地区法院（District Courts）、13 个美国上诉法院（U.S. Courts of Appeals）和最高法院（Supreme Court）组成。

州政府和联邦政府级别的法院之间存在三个层次的权威等级。州法院和联邦法院之间的这种等级结构相似，因此我们将重点讨论联邦法院。事实调查在初审法院（trial court）（即美国地区法院）开展，但特殊教育事项除外，正当程序听证官是事实调查者。

法官和陪审团听取争议事实，然后陪审团根据原告或被告陈述证明的有力程度作出裁决。美国地区法院根据地理分布对各州具有管辖权。

如果原告或被告在初审法院败诉，他们通常有权将法院的裁决上诉到上诉法院（即美国巡回上诉法院）。

由于案件事实已在初审法院层面确定，因此上诉法院没有陪审团。相反，三名法官会阅读书面辩护状，并听取律师就下级法院的裁决是否应予以确认、推翻或修改进行的口头辩论。法官的裁决基于法律原则是否得到正确应用。美国 13 个上诉法院的地理管辖范围在表 1.1 中列明。

美国的终审法院和最高法院被称为美国最高法院（请记住，各州也有类似的结构，即州级初审法院、州级上诉法院和州级最高法院）。美国最高法院有 9 名大法官。美国最高法院收到数以百计的请求，但只审理一小部分案件，不到提交申请书的 1%（United States Courts，n.d.）。最高法院只同意审理涉及宪法或联邦法律重要问题的案件，或解决巡回上诉法院之间存在矛盾裁决的问题。图 1.3 概述了政府三个部门的组成和职责。 7

表1.1　美国巡回上诉法院

第一	第二	第三	第四	第五	第六	第七	第八	第九	第十	第十一	第十二	第十三
缅因州	康涅狄格州	特拉华州	马里兰州	路易斯安那州	肯塔基州	伊利诺伊州	阿肯色州	阿拉斯加州	科罗拉多州	亚拉巴马州	华盛顿哥伦比亚特区	联邦
马萨诸塞州	纽约州	新泽西州	南卡罗来纳州	密西西比州	俄亥俄州	印第安纳州	艾奥瓦州	亚利桑那州	堪萨斯州	佐治亚州		
新罕布什尔州	佛蒙特州	宾夕法尼亚州	北卡罗来纳州	得克萨斯州	密歇根州	威斯康星州	明尼苏达州	加利福尼亚州	新墨西哥州	佛罗里达州		
罗德岛州			弗吉尼亚州		田纳西州		密苏里州	夏威夷州	俄克拉何马州			
			西弗吉尼亚州				内布拉斯加州	爱达荷州	犹他州			
							北达科他州	蒙大拿州	怀俄明州			
							南达科他州	内华达州				
								俄勒冈州				
								华盛顿州				

注：第十三巡回上诉法院被称为联邦巡回上诉法院，负责审理有关特殊案件（如专利、贸易）的上诉。

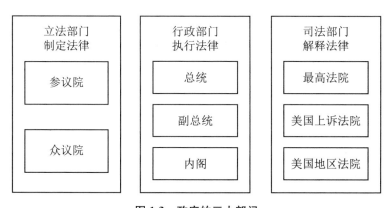

图1.3 政府的三大部门

法律的四个渊源是什么？

美国宪法

如前所述，《美国宪法》是法律的主要渊源。宪法（a）概述了美国联邦民主制度运作的基本规则，（b）规定了政府行为的界限，以及（c）规定了政府三个部门的权力、责任和权力分立（Berring & Edinger，2005）。

《美国宪法》中的条款允许联邦政府制定联邦法律。例如，《美国宪法》第1条第8款授权国会拨款提供公共福利。《美国宪法》规定了国会和各州修改宪法的程序，这并不容易，而且只进行了二十七次。在《美国宪法》被第一批州通过后不久，于1791年通过了十项修正案，即《权利法案》（Bill of Rights），以规定个人的基本权利。

直到内战结束后，第十四修正案才被通过。对特殊教育而言，第十四修正案具有重大意义，其中规定：

9

所有在美国出生或归化并受其管辖的人，都是美国及其所居住州的公民。任何州都不得制定或执行任何剥夺美国公民特权或豁免权的法律；不得未经正当法律程序而剥夺任何人的生命、自由或财产；也不得拒绝给予其管辖范围内的任何人以平等的法律保护。

美国所有五十个州都有自己的州宪法，它们规定了州政府各部门机构的权力和权威，如立法部门（立法机构）、行政部门（州长）和法院系统。由于这些文件详细规定了州政府的日常运作，因此州宪法比《美国宪法》更为详细。各州可以为个人提供《美国宪法》中未举例的额外权利；但是，各州不能剥夺《美国宪法》中规定的权利（Yell，2019）。

成文法

当人们想到法律时，他们可能会想到成文法。成文法是由立法机构（国会）通过的法律。《美国宪法》授权国会制定法规（即法律）。法案（bill）成为法律的过程漫长而复杂。最终立法机构中的两院（参议院和众议院）必须就法案的细节达成共识。然后，参众两院必须以多数票通过法案。接着，该法案将被送交总统签署或否决。如果总统签署该法案，那么它就成为法律。如果总统否决该法案，立法机构可以通过两院各三分之二多数票推翻否决。

监管法

法律一旦通过，就需要执行。根据《美国宪法》的规定，行政部门负责执行和实施法律。通常情况下，国会通过的法律是宽泛的，缺乏细节。为了帮助填补细节，国会允许相应的行政部门制定监管规定。

　　这些监管规定将帮助那些受法律影响的人了解如何执行和实施法律。根据新法律影响的对象，行政部门内阁中的十五个部门之一将负责为法律的一般内容提供具体细节。例如，通过的任何教育法律都将成为教育部的责任。教育部内有许多专门机构。每个机构的员工都负责向相关利益攸关方传达有关新法律的信息，就如何实施法律以及违反新法律的后果提供指导。所有这些信息都被称为监管法，监管法与成文法具有同等效力。

10

判例法

　　另一种法律渊源称为判例法。当法官对涉及解释法规、条例或《美国宪法》事项的法院案件作出裁决，在公布法律意见时，判例法就得以确立。请记住，司法部门负责解释法律。因此，当双方就某项法律产生冲突时，法官将作出裁决以解决争议。这些裁决具有权威性，并确立法律先例。

　　美国法院系统以法律先例为基础，这意味着一旦确定了法律原则，它就会适用于具有类似事实的其他案件。法院的权力层级和管辖权在法律先例中发挥着重要作用。

　　法院对其管辖范围内的下级法院具有控制权。例如，第五巡回上诉法院对得克萨斯州、密西西比州和路易斯安那州的所有下级法院拥有管辖权。当第五巡回上诉法院作出裁决时，该裁决对这三个州内的所有法院具有控制权。这些下级法院必须遵守巡回上诉法院的法律解释，并在具有类似事实的案件中适用该解释。然而，第五巡回上诉法院对第七巡回上诉法院的管辖没有控制权。但是，对不受其他法院管辖的法院具有说服力。

　　比如说，第五巡回上诉法院审理了一起关于为一名自闭症学生提供特殊教育服务的案件，并作出了有利于学生的裁决。一年后，第七巡回上诉法院审理了一起案情相似的案件，涉及对同一法律的分歧。第七巡回上诉法院不必遵循第五巡回上诉法院的裁决，但可以阅读这些法官发表的意见，并受到他们法律推理的影响，作出类似的裁决。法院解释法律的法律依据和正当理由的强度可以说服其他法院采纳其推理和理由。

美国最高法院是最高级别的法院，具有最终的控制权。当美国最高法院作出裁决时，所有五十个州都必须遵守该裁决，并在所有类似案件中适用该法律先例。由于最高法院有九名大法官，因此需要五名大法官的多数票才能作出裁决。在只有三名法官的下级法院审判庭中，则需要两名法官的多数票。通常，会选择一名法官撰写法院意见书，陈述裁决和作出该裁决的理由。如果有法官持反对意见，则会撰写一份异议书，说明与多数意见不同的原因。异议书非常重要，具有说服力。异议书可以上诉至更高一级的法院或立法部门，以纠正被视为司法错误的情况。

政府的三个部门是如何影响特殊教育的？

政府三个部门与四个法律渊源常常相互作用。通过分权制衡制度，政府的每个部门都有办法对另一个部门的法律作出反应。行政部门可以在法律颁布前否决成文法。如果立法部门不同意监管法，可以通过新的成文法。司法部门可以宣布成文法或监管法违宪。如果立法部门不同意司法部门对法律的解释，可以通过新的法律。

特殊教育法就是在政府各部门之间的这种互动中发展起来的。正如下一章将讨论的，国会从 20 世纪 60 年代和 70 年代开始通过更具意义的特殊教育立法。该立法一旦通过，行政部门就要承担起执行法律和制定监管规定的责任。任何一项重要的立法都不可避免地会在法律的具体内容和监管规定的制定方式上产生争议。这时，司法部门会介入以解决分歧。作为法律的最初制定者，国会不会让司法部门拥有最终解释权。因此，他们根据从监管和判例法中学到的经验通过了新的立法。

这种互动并不总是循环往复的。如图 1.4 所示，新的判例法可能会促使行政部门修订法规。或者，修订后的法规可能会说服立法部门制定新的法律，以明确行政部门应如何监管法律。制定成文法、法规和判例法的过程漫长而繁琐。一个案件从初级法院到巡回上诉法院或最高法院可能需要数年时间。主要立法需要数年时间才能制定并通过国会两院。监管规定可能需要数月时间才能制定出来，并逐渐影响到一线人员（例如，教室里的老师）。然而，正是通过这种繁琐和乏味的过程，特殊教育法才发展到今天的水平。

12

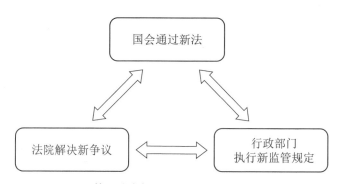

图 1.4　基于政府部门之间相互作用的法律沿革

哪里可以找到更多关于政府三个部门的信息？

美国政府官方网站（www.usa.gov）。这是一个提供有关美国政府各个部门深入信息的网站。该网站提供关于政府三个部门的信息，包括有用的信息图表。要获取有关政府三个部门的详细信息，请访问：https://www.usa.gov/branches-of-government。

宪法中心（constitutioncenter.org）。这是一个交互式信息来源，提供《美国宪法》的文本、历史和含义等信息。有一个交互式宪法，提供原始文本以及来自诸多专家的各种解释。宪法中心还提供了一个媒体库，处理有关宪法的当前问题。要获取这些资源，请访问：https://constitutioncenter.org/interactive-constitution。

YouTube（www.youtube.com）。这个视频流媒体平台提供了大量信息丰富的视频。搜索"School House Rock Government Videos"可获得信息丰富的视频，这些视频以各年龄段的人都能接受的方式分解政府的概念。要查看与美国政府相关的视频列表，请访问：https://www.youtube.com/watch?v=tyeJ55o3El0&list=PLZxu8fzWW7cFh8z3UlDlWCERd6chwiqCu&index=2。

哈里·S. 杜鲁门总统图书馆（www.trumanlibrary.gov）。哈里·S. 杜鲁门总统图书馆提供诸如工作表、填字游戏和游戏等资源，以帮助学生了解美国政府部门。此外，它还提供教师资源和答题卡。要获取这些资源，请访问：https://www.trumanlibrary.gov/education/three-branches。

关键术语

选民：政客所代表的选举区或州的人民。

控制权：上级法院对其管辖范围内的下级法院的权力。

13　　**上诉法院**：负责确定初审法院在审判中是否正确适用法律的法院。

被告：被指控犯罪的个人、企业或组织。

开国元勋：美国宪法的编制者。

管辖权：在特定责任领域内授予的权力。

法律先例：确立法律原则并应用于具有类似事实的其他案件的裁决。

议会程序：立法部门起草立法、辩论立法以及投票批准或否决立法的程序。

说服力：下级法院或其他辖区法院的书面意见，法官没有义务遵循，但可能为法官的裁决提供参考。

原告：提起诉讼的个人、企业或组织。

监管规定：由行政部门编写的指示，为如何实施和执行国会通过的法律提供指导。

初审法院：案件首先在这里通过事实调查程序进行审理，由陪审团根据原告或被告的案情强度作出裁决的法院。

否决权：宪法赋予的拒绝立法机构所作决定或提案的权利。

讨论问题

1. 立法、行政和司法部门如何相互影响？

2. 控制权与说服力之间有什么区别？

3. 法官是如何利用各种法律渊源在法庭上解释法律的？

4. 为什么说教师和学校管理者了解美国政府结构是很重要的事情？

5. 当与特殊教育服务有关的诉讼被提交到初审法院时，下一步需要采取哪些步骤来改变法律？

参考文献

Berring, R. C., & Edinger, A. E. (2005). Finding the law (12th ed.). Thomson/West.

Desilver, D. (2018, May 31). U.S. population keeps growing, but House of Representatives is same size as in Taft era. Retrieved from https://www.pewresearch.org/fact-tank/2018/05/31/u-s-population-keeps-growing-but-house-of-representatives-is-same-size-as-in-taft-era/.

No Child Left Behind, 20 U.S.C. § 16301 (2001).

United States Courts. (n.d.). Retrieved from https://www.uscourts.gov/about-federal-courts/educational-resources/about-educational-outreach/activity-resources/supreme-1.

Yell, M. L. (2019). The law and special education (5th ed.). Pearson Education.

第二章
特殊教育的历史

了解特殊教育的历史进程，说明了不断学习新的创新方法对于帮助学生学习和成长至关重要。

——莱斯利·马杰鲁斯（Leslie Majerus）

蒙大拿州特殊教育教师

如今，我们知道特殊教育是残疾学生的基本权利，但情况并非总是如此。几十年前，特殊教育和特殊教育工作者甚至都不存在。特殊教育的历史充满了倡导为残障人士提供法律和教育保护的人士和组织的身影。经过多年的发展，经过无数的诉讼案件和重要立法，特殊教育已经发展并进步到如今的样子。虽然有时并非心甘情愿，但联邦政府的三个部门还是共同努力，建立了许多残疾学生和残障人士今天所依赖的保障措施。在本章中，我们将讨论特殊教育的历史，并回答以下主要问题：

1. 为什么残疾儿童被排除在公立教育之外？

2. 1954 年布朗诉教育委员会案（Brown v. Board of Education）对

残疾儿童有何重要意义?

3. 历史上哪些重要的司法案件推动了特殊教育的发展?

4. 联邦政府对残疾学生教育干预的进展如何?

5. 哪里可以找到更多关于特殊教育历史的信息?

为什么残疾儿童被排除在公立教育之外?

在美国,公立教育被认为是维持民主制度的关键因素(Levine & Wexler, 1981)。开国元勋们一致认为,受过教育的选民(electorate)比未受过教育的选民更可取(Library of Congress, 2019);然而,《美国宪法》中并没有提到教育。

如第一章所述,根据第十修正案,宪法中未明确规定的权力保留给各州。19 世纪中叶,各州开始通过教育法,要求儿童上公立学校。到 1918 年,每个州都有针对儿童的义务教育法。然而,即使有了这些义务教育法,残疾儿童也常常被学校排除在外。

各种法院裁决都维持了义务教育法与排斥残疾儿童之间的不一致。就在 1958 年,伊利诺伊州最高法院在公共福利部诉哈斯案(Department of Public Welfare v. Hass)中裁决,伊利诺伊州的义务教育立法并未要求该州为"智力低下"或"智力缺陷"的人提供免费公立教育,因为他们有限的智力使他们无法从良好的教育中受益(Yell, 2019)。法院之间存在说服力(第一章中介绍),即被认为无法接受教育的儿童,其接受公立教育的权利不受保障。

在那个时代,社会对残疾的理解比今天更为有限和无知。不过,针对听力障碍、失明等身体有缺陷学生的学校和计划确实存在。例如,早在 1832 年,新英格兰盲人庇护所就成立了。这些群体的正常认知能力使法院和学校更容易认为他们有足够的智力从教育

16

18

中受益。今天政府认可的 13 种残疾类别（将在第三章中讨论）中的许多类别，如情绪和行为障碍以及自闭症，当时都未被诊断出来。通常，患有神经系统残疾的儿童被简单归类为"智力低下"和"白痴"(Arnett et al., 2016)。

除了为照顾智力低下儿童而设立的少数学校和机构外，残疾儿童的公立教育十分有限。由于普遍的无知和学校因缺乏教育知识和策略而不愿接纳，残疾儿童被排除在公立教育之外。如果法院不强迫学校为残疾学生提供教育，那么残疾儿童的家长就需要站出来倡导，而他们也确实这样做了。

倡导。在法院裁决学校不必教育残疾儿童的那段时间里，家长们率先站出来倡导将他们的孩子纳入教育范围。随着家长们向公众和政客施压，残疾人的社会氛围开始发生变化。事实上，负责特殊教育和康复服务的首任助理教育部长表示："家长们为特殊教育计划的创建提供了能量和意愿……如果不是家长们直接或通过政治劝说创建特殊教育，那么特殊教育即使有，也是少之又少。"(Martin, 2013，第 22 页)

一个对特殊教育持续产生重大影响的专业组织是特殊儿童委员会 (Council for Exceptional Children)。该组织于 1922 年在纽约哥伦比亚大学成立，旨在：

- 强调"特殊儿童"的教育。
- 为特殊教育教师制定专业标准。
- 联合那些对教育"特殊儿童"感兴趣的人 (Kode, 2017，第 47 页)。

特殊儿童委员会继续倡导残疾儿童的教育权利。拥有超过 3 万名成员的特殊儿童委员会是特殊教育倡导方面的主要力量。

17

1954 年布朗诉教育委员会案对残疾儿童有何重要意义？

虽然像 1958 年公共福利部诉哈斯案之类的司法案件允许学校拒绝为残疾儿童提供公立教育，但所有这一切都随着最高法院开创性的案件——1954 年布朗诉教育委员会案开始改变。

布朗诉教育委员会案的裁决发生在 20 世纪 50 年代和 60 年代的民权运动期间。当时，许多人倡导为少数群体，特别是非裔美国人提供平等的机会和权利。臭名昭著的 1896 年普莱西诉弗格森案（Plessy v. Ferguson）中，最高法院裁决确立了"隔离但平等"的先例，各州在学校实行种族隔离，拒绝黑人学生进入白人学生就读的学校。原告（即布朗）认为，隔离损害了少数群体的教育机会，因为种族隔离的学校是不平等，也是无法平等的。因此，根据第十四修正案的平等保护条款，种族隔离学校侵犯了黑人学生的宪法权利（见第一章）。最高法院一致裁决原告胜诉，称仅基于个人不可改变的特征（即种族）的隔离是违宪的。布朗诉教育委员会案有效地推翻了普莱西诉弗格森案的"隔离但平等"原则。

最高法院在布朗诉教育委员会案中认为，教育在我们的社会中至关重要。种族隔离的负面后果和污名化影响伤害了被隔离的学生，并剥夺了他们平等的教育机会。由于法院裁决基于个人不可改变的特征的隔离是违宪的，因此残疾人权益倡导者认为布朗诉教育委员会案的裁决适用于那些因残疾而被剥夺教育机会的人。布朗诉教育委员会案激发了倡导者确保残疾儿童受教育权利的热情，因为如果种族隔离是对平等教育机会的剥夺，那么显然排斥残疾儿童也是对平等教育机会的剥夺。

尽管布朗诉教育委员会案以种族间的差别待遇为基础，但它对

18

特殊教育具有重要意义，因为它确立了平等机会也适用于残疾学生。社会态度和系统性结构变革不会迅速发生。直到布朗诉教育委员会案裁决的十六年后，两个具有里程碑意义的联邦地区法院案件才将平等机会的概念应用于残疾儿童。

历史上哪些重要的司法案件推动了特殊教育的发展？

布朗诉教育委员会案可能被认为是根据宪法为残疾儿童确立平等教育机会的催化剂；然而，请记住，布朗诉教育委员会案讨论的平等机会是基于种族的。残疾权益倡导者认为，布朗诉教育委员会案的裁决的基本原则也应适用于残疾人。专门针对残疾学生被排除问题，并在历史上推动了特殊教育发展的两个重要司法案件，分别是 1972 年宾夕法尼亚州弱智儿童协会诉宾夕法尼亚联邦案（Pennsylvania Association for Retarded Children v. Commonwealth of Pennsylvania，以下简称"PARC 案"）和米尔斯诉哥伦比亚特区教育委员会案（Mills v. Board of Education of the District of Colombia，以下简称"米尔斯案"）。

1972 年 PARC 案。宾夕法尼亚州弱智儿童协会在联邦地区法院对宾夕法尼亚州提起集体诉讼。原告辩称，弱智儿童没有接受公立教育。该州无视宪法规定的义务，没有按照第十四修正案平等保护条款的要求提供平等的教育机会。诉讼中出现的四个关键点影响了法院对特殊教育的解释：

1. 弱智儿童有能力从教育计划中受益。

2. 教育并非仅仅被定义为学术体验，因此生活技能（例如，进食、穿衣、交流）也同样重要。

3. 由于宾夕法尼亚州制定了为宾夕法尼亚州所有儿童提供免费

21

公立教育的法律，因此该州不能剥夺弱智儿童接受免费公立教育的机会。

4. 对弱智儿童进行早期干预会增加教育效果。宾夕法尼亚州不能剥夺弱智的学前儿童参加非残疾学前儿童可参加的学前教育计划的权利（Zettel & Ballard，1979）。

法院裁决原告胜诉，要求为年龄在 6 岁至 21 岁之间的弱智儿童提供免费公立教育。此外，法院还宣布，弱智学生接受与非残疾学生类似的教育计划是最理想的。PARC 案裁决的权威性影响了整个国家，并承认了弱智儿童可以享受免费公立教育，但其他残疾儿童呢？

1972 年米尔斯案。在 PARC 案审理的同时，哥伦比亚特区联邦地区法院也在审理一起集体诉讼案件。这件名为米尔斯案的诉讼，代表华盛顿特区所有被排除在公立教育之外的残疾儿童提起。原告辩称，根据第十四修正案的平等保护条款，残疾儿童未经正当程序就被非法排除在公立教育之外。法院裁定，根据布朗诉教育委员会案的裁决（即种族隔离违宪），将残疾儿童完全排除在外的行为也是违宪的。法院命令华盛顿特区教育委员会为所有残疾儿童提供免费公立教育。此外，法院要求教育委员会为残疾学生的家长提供正当程序保障。这些保障措施需要包括获得有法律代表和公正的听证官参加的听证的权利、上诉的权利、获得记录的权利以及获得所有阶段的书面通知的权利（Yell，2019）。米尔斯案中的保障要求成为《残疾人教育法》（第九章讨论）程序性保障支柱的框架。

PARC 案和米尔斯案的先例被适用于在全国提起的类似案件中。在 PARC 案和米尔斯案之后的几年内，又有 46 起诉讼代表被公立教育排除在外的残疾儿童在 28 个州被提起（Zettel & Ballard，1979）。这些诉讼的结果与 PARC 案和米尔斯案的裁决相似。尽管法院取得了这些进展，但各州在为残疾学生提供充分教育方面仍存在很大差异。新的州法律要求为残疾儿童提供教育，这导致学区和倡导者抱怨资金不足导致设施不足、教学材料匮乏和教师培训不力。最终，国会意识到残疾儿童的宪法权利仍然受到侵犯，他们获得公立教育的机会较少，联邦政府必须采取行动。

联邦政府对残疾学生教育干预的进展如何？

鉴于《美国宪法》未提及教育，联邦政府参与教育没有宪法授权。

然而，《美国宪法》第 1 条中的支出条款规定，联邦政府有权向各州提供联邦拨款，条件是各州必须开展或停止某些活动。利用这一支出条款的授权，联邦政府自 20 世纪 50 年代末真正开始参与残疾儿童教育。1958 年通过了《弱智儿童法》（Retarded Children Act），通过向高等院校和州教育机构提供拨款，鼓励扩大弱智儿童的教育教学。然而，发展特殊教育的努力和资金有限。直到 20 世纪 60 年代，林登·约翰逊（Lyndon Johnson）总统宣布"向贫困宣战"，联邦政府才大幅提高了其在整个公立教育中的作用。约翰逊总统坚信教育是摆脱贫困的阶梯。他的政府大力推动立法，改变了公立教育的发展轨迹。

1965 年《中小学教育法》（Elementary and Secondary Education Act）。1965 年《中小学教育法》的目的是向各州提供联邦资金，以改善弱势儿童的教育。这项主要立法由五章组成，其中最大、最具影响力的是第一章。第一章的目标是缩小弱势儿童和非弱势儿童之间的学业成绩差距（例如阅读和数学）。

第一章的资金分配给了低收入家庭比例较高的学区。为了获得这些资金，各州同意执行各章要求，并向联邦政府报告进展情况。不能强迫各州根据《中小学教育法》作出改变；但是，额外资金支持教育计划的激励作用是巨大的。如今，42%的公立学校获得了第一章所规定的资金，以确保所有儿童达到具有挑战性的学术标准（U.S. Department of Education，2019）。

《中小学教育法》通过一年后，即1966年进行了修订，增加了第六章，以"向各州提供拨款，协助在学前教育、小学和中学阶段启动、扩大和改善残疾儿童的特殊教育及相关服务"（Irvin，1968，第565页）。第六章还在美国教育部设立了残障者教育局，这是第一个被指定为协调联邦政府残疾儿童工作的联邦机构。

1970年《残障者教育法》(Education of the Handicapped Act)。第六章在被纳入《中小学教育法》仅仅四年后就被移除了，并以1970年《残障者教育法》的名义被单独签署成为法律。《残障者教育法》的目的是巩固和扩大《中小学教育法》第六章下的努力。虽然《残障者教育法》没有包括残疾学生的实质性权利，但它是一项重要的立法。这是美国联邦政府第一部专门针对残疾学生的立法。此外，《残障者教育法》规定残疾学生应获得他们所需的特殊教育和相关服务，以便取得进步（Colker，2013）。

1975年《全体残障儿童教育法》(Education of All Handicapped Children Act)。尽管《中小学教育法》第六章和《残障者教育法》都是联邦法律，但这些立法对各州应如何为残疾学生提供公立教育缺乏明确和有力的实施规定。1974年，国会报告称，仍有175万残疾儿童被排除在教育机会之外，300万残疾学生接受了不适当的教育（Yell et al.，2004）。国会通过了对残疾学生最重要的一项立法，即1975年《全体残障儿童教育法》，并经福特（Ford）总统签署成为法律。

21　　　又称P. L. 94-142的《全体残障儿童教育法》的主要立法目的是

为年龄在 3 岁至 18 岁之间的所有残疾儿童提供免费和适当的公立教育。法院案例裁决的积累（如 PARC 案和米尔斯案）以及家长和组织的倡导努力促使国会通过了这项具有划时代意义的立法，从而一劳永逸地将所有残疾儿童的教育权编入法律。《全体残障儿童教育法》规定了许多残疾学生今天所享有的法律保护，如（a）非歧视性评估、（b）在限制最少的环境中接受教育、（c）正当程序、（d）家长参与评估和安置过程、（e）免费和适当的教育，以及（f）个性化教育计划（individualized education program）。

一旦立法通过并实施，往往会出现意外的后果或被忽视的问题。对于像《全体残障儿童教育法》这样的重要立法，在重新授权期间通常会进行修订，这是很常见的。

1986 年，国会修订了《全体残障儿童教育法》，增加了一项条款，即向各州提供资金，但前提是各州必须向从出生到 3 岁的残疾儿童提供服务。最初，《全体残障儿童教育法》的资金被用于 3 岁至 18 岁的儿童，但研究人员和倡导者认识到早期干预的重要性，因此鼓励通过这项修正案。1986 年《残障者教育修正案》（Education of the Handicapped Amendments）的核心是个性化家庭服务计划（individualized family service plan）。个性化家庭服务计划是由包括儿童家长在内的多学科和跨机构团队制定的计划，该计划确定了（a）儿童目前的表现水平、（b）预期的结果和目标、（c）为实现目标而提供的早期干预服务、（d）提供早期干预服务的环境、（e）预计的服务日期和持续时间，以及（f）支持幼儿从早期干预服务过渡到特殊教育服务的步骤。

1990 年《残疾人教育法》（Individuals with Disabilities Education Act）。1990 年《残疾人教育法》应该是一部耳熟能详的法律。1990 年，《全体残障儿童教育法》重新获得授权，并更名为《残疾人教育法》。在重新授权期间，该法律也发生了一些变化。术语 "handicap"

（残障）被替换为"disability"（残疾）。该法律已更新为使用"以人为本"的语言，例如，使用"student with a disability"（有残疾的学生）而不是"disabled student"（残疾学生）。此外，在符合条件的残疾类别清单中又增加了两个残疾类别：自闭症和创伤性脑损伤。

新法还增加了一项要求，即16岁及以上学生的个性化教育计划小组必须在学生的个性化教育计划中加入有关过渡服务的部分。过渡服务必须促进学生从学校到毕业后活动的转变，如就业、继续教育（如大学或职业培训）和独立生活。过渡计划需要考虑到学生的需求、兴趣和偏好。自1990年以来，《残疾人教育法》已经多次被修订和重新授权。下一章将专门讨论有关《残疾人教育法》的重要问题。

22　　**2001年《不让一个孩子掉队法》。**请记住，特殊教育领域的关键立法——即现在的《残疾人教育法》的前身《全体残障儿童教育法》——源于法律分歧，当时第六章被从1965年《中小学教育法》中分离出来，成为1970年《残障者教育法》。重要的是要理解，《中小学教育法》几十年来一直被重新授权和修订，影响着所有参加公立教育的学生，包括残疾学生。与《残疾人教育法》平行，《中小学教育法》几十年来一直在进步。乔治·W. 布什（George W. Bush）当选总统后，宣布他的首要国内任务是彻底改革《中小学教育法》，并将其重新命名为《不让一个孩子掉队法》。这次重新授权大大增加了联邦政府对公立教育的参与。事实上，一些人声称，《不让一个孩子掉队法》的重新授权是联邦政府接管公立教育责任的时刻（Bankston, 2010）。《不让一个孩子掉队法》的主要目标是通过在一定时间内使每个学生的阅读和数学成绩达到州级标准来缩小学业成绩差距。为了继续获得联邦资金，各州必须建立进度监测程序来跟踪学生进度，并制定程序对未能取得足够的年度进展（adequate yearly progress, AYP）的学校进行问责。

《不让一个孩子掉队法》对残疾学生和特殊教育产生了很大的影

响。现在，学校需要对所有学生的学业进步负责，残疾学生是必须被纳入《不让一个孩子掉队法》学业进步问责数据的一个学生群体。其他类别包括种族／民族、英语水平有限和社会经济地位。请记住，《残疾人教育法》要求残疾学生能够接触普通教育课程，并与非残疾同龄人一起接受教育。为了确保残疾学生不被忽视，《不让一个孩子掉队法》要求各州将这一群体纳入其问责数据中。这标志着重点从残疾学生的参与转变为他们的学业成绩。为了衡量进度，残疾学生需与非残疾同龄人一起参加所就读的年级的州级评估。考虑到学业能力与年级水平之间的差异，《不让一个孩子掉队法》允许学生的个性化教育计划团队在评估期间提供州批准的便利条件（如延长考试时间、在单独地点进行测试）。

有较严重认知障碍的学生可以参加基于成绩标准的替代性评估。然而，通过替代性评估的残疾学生中，只有1%的学生会被计入学校的《不让一个孩子掉队法》问责制数据中。设立这一上限的目的是防止学校通过使本应参加州级评估的学生参加替代性评估来隐藏学生数据。

《不让一个孩子掉队法》的另一个重要组成部分是要求在教育残疾学生的所有方面使用以科学为基础的研究成果。国会意识到潮流、伪科学和个人偏见正在导致无效的教学实践和学业失败。因此，《不让一个孩子掉队法》中大量引用基于科学的研究，是向学校发出警告，未经检验且没有有效性证据的做法是不能容忍的（O'Neill, 2004）。

《不让一个孩子掉队法》中影响残疾学生的第三个组成部分是，所有教师（包括特殊教育教师）都需要满足高素质的要求。要达到高素质，特殊教育教师需要具备以下条件：（a）拥有学士学位，(b）获得特殊教育教师的完整州级认证或通过州特殊教育教师执照考试，(c）通过州政府在所教内容领域（例如阅读、数学）举办的学术标准考试。

2015 年《每个学生都成功法》。《不让一个孩子掉队法》的目标是通过提高学术标准和使所有学生在阅读和数学方面达到 100% 的熟练水平来缩小成绩差距，这是有效的，但却不切合实际。随着学校努力取得足够的年度进步，过度的惩罚措施和严格规定的程序开启了"应试教育"时代。2015 年，国会重新授权并将《不让一个孩子掉队法》更名为《每个学生都成功法》，奥巴马总统签署了该法使其成为法律。该法在很大程度上维持并建立在《中小学教育法》和《不让一个孩子掉队法》的目标之上，如确保所有学生接受教育、注重缩小成绩差距、提高标准和要求学校负责。但与前两者不同的是，它将权力从联邦政府转移回州和地方学区。各州在如何使用资金和实施问责制度方面被赋予更多的权力。表 2.1 概述了影响特殊教育的判例法和成文法。

23

表 2.1　影响特殊教育的判例法和联邦成文法

时间	判例法和法规	成　　果
1954 年	布朗诉教育委员会案	• 基于种族的隔离被裁定为违宪。 • 为残疾人权益倡导者提供了机会，可以辩称基于残疾的隔离也是违宪的。
1965 年	《中小学教育法》	• 第一项旨在通过补助激励措施改善弱势儿童教育的重要联邦立法。
1966 年	《中小学教育法》第六章修订	• 为特殊教育的启动、扩展和改进提供联邦资金。
1970 年	《残障者教育法》	• 第一部关于残疾学生教育的独立联邦立法。
1972 年	PARC 案	• 法院裁定宾夕法尼亚州必须为所有弱智儿童提供免费的公立教育。 • 将实用生活技能合法化为适当的学术成果。 • 强调早期教育对弱智儿童的重要性。
1972 年	米尔斯案	• 法院裁定，由于种族隔离违宪，因此开除残障学生也违宪。 • 建立程序性保障和正当程序框架。

续表

时间	判例法和法规	成　果
1975 年	《全体残障儿童教育法》	• 为残疾学生和特殊教育制定的最重要立法。 • 确立了 3 岁至 18 岁符合条件的残疾学生在限制最少的环境中接受免费适当教育的权利。 • 要求进行非歧视性评估。 • 要求学校制定个性化教育计划。 • 要求家长参与评估和安置过程。 • 扩大保障和正当程序。
1986 年	《残障者教育修正案》	• 为 0 至 3 岁儿童制定早期干预服务。 • 要求为符合条件的儿童及其家庭提供个性化教育计划。
1990 年	《残疾人教育法》	• 将《全体残障儿童教育法》更名为《残疾人教育法》。 • 更新立法，使用"以人为本"的措辞。 • 将"handicapped"（残障）替换为"disability"（残疾）。 • 将自闭症和创伤性脑损伤添加为符合条件的类别。 • 在 16 岁及以上学生的个性化教育计划中增加了过渡要求。
2001 年	《不让一个孩子掉队法》	• 将《中小学教育法》更名为《不让一个孩子掉队法》。 • 将残疾学生确定为年度进度问责数据中的一个子群体。 • 要求学校使用基于科学的研究实践。 • 要求所有教师都具备高素质。
2015 年	《每个学生都成功法》	• 将《不让一个孩子掉队法》更名为《每个学生都成功法》。 • 保持《不让一个孩子掉队法》的高标准和问责目标。 • 在年度进度方面，惩罚性低于《不让一个孩子掉队法》。 • 赋予各州更多权力和灵活性来实施问责措施。

24

哪里可以找到更多关于特殊教育历史的信息？

莱特法（Wright's Law，www. wrightslaw. com）。这是一个为家长、教育工作者、倡导者和律师提供准确、可靠信息的综合性网站，涵盖特殊教育法、教育法和为残疾儿童辩护等方面。要获取有关特殊教育历史的具体信息，请访问：https://www.wrightslaw.com/law/art/history.spec.ed.law.htm。

全国小学校长协会（The National Association of Elementary School Principals，www.naesp.org）。成立于 1921 年，是一个为美国、加拿大和海外的中小学校长及其他教育领导者提供服务的专业组织。要获取有关特殊教育演变的简短 PDF 文件，请访问：https://www.naesp.org/sites/default/files/resources/1/Principal/2008/N-Oweb2.pdf。

反思学校（Rethinking Schools，www. rethinkingschools. org）。致力于实现公平，并致力于实现公立教育是建立人道、关爱、多种族民主的核心这一愿景。虽然其面向广大读者，但它强调城市学校面临的问题，尤其是种族问题。一篇有关特殊教育历史的文章，请访问：https://www.rethinkingschools.org/articles/the-history-of-special-education。

美国研究所（American Institute for Research，www.air.org）。世界上最大的行为和社会科学研究与评估机构之一。他们的首要目标是利用现有的最佳科学带来最有效的理念和方法以改善日常生活。有关特殊教育历史的视频和各种博客文章，请访问：https://www.air.org/resource/individuals-disabilities-education-act-40-years-later。

特殊教育和康复服务办公室（The Office of Special Education and Rehabilitative Services）。特殊教育和康复服务办公室了解残疾人士及其家庭所面临的诸多挑战。因此，其致力于改善各年龄段残疾人的成绩和效果。特殊教育和康复服务办公室支持为数百万残疾儿童、青年和成人服务的项目。如需下载关于《残疾人教育法》实施三十五年后在残疾学生教育方面的进展报告，请访问：https://www2.ed.gov/about/offices/list/osers/idea35/history/index.html。

关键术语

学业成绩差距：不同学生群体之间在学业成绩上的差距。

足够的年度进展：为使成绩较差的儿童达到对所有儿童所期望的高表现水平，第一章下的每所学校和学区每年需要实现的进步幅度。

自闭症：一种严重影响言语和非言语沟通及社会交往的发育障碍，通常在3岁前显现，并对儿童的学习成绩产生不利影响。 26

集体诉讼：一种诉讼类型，其中一方当事人是一群人，由该群体的一名成员作为集体代表。

强制：法律要求；义务。

弱势群体：来自贫困家庭的学生。

选民：一个国家中有选举权的人。

重新授权：对权威、法律权力或权利的更新。

以科学为基础的研究：指（a）通过严谨的数据分析，运用观察和实验来检验既定假设的系统性和实证性研究；（b）依赖于能够在不同评估者和观察者之间提供有效数据的测量和观察方法；以及（c）已经被同行评审期刊接受，或者由一个相对严谨、客观和科学的评审小组中的独立专家批准的研究。

开创性：对后续发展产生重大影响。

支出条款："国会有权制定和征收税收、关税、附加税和货物税，以偿还债务，并为合众国的共同防御和总体福利提供经费……"第1

条第 8 款第 1 项。

实质性权利：对教育服务内容和质量的保护。

创伤性脑损伤：由于外部物理力量造成的后天性脑损伤，导致完全或部分功能障碍，或心理损伤，或两者兼有，从而对儿童的学业表现产生不利影响。

讨论问题

1. 为什么联邦政府会介入残疾学生的教育？

2. 1954 年布朗诉教育委员会案与残疾学生有何关系？

3. 为什么我们需要识别残疾学生？

4. 如果修改美国宪法，加入有关受教育权的条款，会发生什么情况？是否应该修改？

5. 特殊教育的未来会是什么样子？

参考文献

Arnett, S., Fitzpatrick, M., & Theoharis, N. R. (2016). Foundation of special education: Understanding students with exceptionalities. Kendall Hunt Publishing.

Bankston, I. C. L. (2010). Federal control of public schools and the decline of community. Modern Age, 52 (3), 184—197. Retrieved from http://search.ebscohost.com.mutex.gmu.edu/login.aspx?direct=true&db=ehh&AN=57631409&site=ehost-live.

Colker, R. (2013). Disabled education: A critical analysis of the Individuals with Disabilities Education Act. NYU Press.

Dept. of Public Welfare v. Haas, 154 N. E. 2d 265 (Ill. 1958).

Irvin, T. B. (1968). Assistance to states for education of handicapped children under ESEA title VI-A. Exceptional Children, 34 (7), 565—568.

Kode, K. (2017). Elizabeth Farrell and the history of special education. The Council for Exceptional Children.

Levine, E. L., & Wexler, E. M. (1981). P. L. 94—142: An act of Congress.

27

Macmillan.

Library of Congress. (2019). Thomas Jefferson. Retrieved from https://www.loc. gov/exhibits/jefferson/60.html.

Martin, E. W. (2013). Breakthrough: Special education legislation 1965—1981. Bardolf & Company.

O'Neill, P. T. (2004). No Child Left Behind compliance manual. Brownstone Publications.

U.S. Department of Education. (2019). Title I part A. Retrieved January 11, 2019, from https://www2.ed.gov/programs/titleiparta/index.html.

Yell, M. L. (2019). The law and special education (5th ed.). Pearson Education.

Yell, M. L., Drasgow, E., Bradley, R., & Justesen, T. (2004). Critical legal issues in special education. In A. McCray Sorrells, H. J. Reith, & P. T. Sindelar (Eds.), Issues in special education (pp. 16—37). Allyn & Bacon.

Zettel, J. J., & Ballard, J. (1979). The Education for All Handicapped Children Act of 1975 PL 94—142: Its history, origins, and concepts. Journal of Education, 161 (3), 5—22.

第三章
《残疾人教育法》

《残疾人教育法》是 1975 年为残疾学生打开大门的钥匙，使学生及其家庭能够获得程序性保障和平等的教育。

——南希·J. 霍尔萨普尔博士（Nancy J. Holsapple，PhD）

印第安纳州特殊教育主任

数十年的倡导、诉讼和立法最终促成了 2004 年《残疾人教育法》的出台。该联邦法规是目前特殊教育计划和服务的指导性文件。该法于 1975 年首次通过，名为《全体残障儿童教育法》，当时国会承诺提供 40% 的额外资金，以协助各州教育残疾学生。但实际上，联邦政府只承担了残疾学生教育额外费用的约 15%（Congressional Research Service，2019）。尽管存在资金缺口，但全部 50 个州都必须遵守《残疾人教育法》的法律和监管规定。此外，全部 50 个州都通过了与《残疾人教育法》相对应的州立法，为各州特殊教育服务提供了更详细和具体的规定。尽管有改进的空间，但《残疾人教育法》仍应得到拥护，因为它已成功为数百万残疾学生提供了教育服务（U.S. Department of Education，2010）。在本章中，我们将讨论《残疾人教育法》并回答以下关键问题：

1.《残疾人教育法》的目的是什么？

2.《残疾人教育法》的结构是怎样的？

3.《残疾人教育法》、《康复法》（Rehabilitation Act）第 504 条和 30 《美国残疾人法》（Americans with Disabilities Act）是如何相互关联的？

4. 哪里可以找到更多关于《残疾人教育法》、《康复法》第 504 条和《美国残疾人法》的信息？

《残疾人教育法》的目的是什么？

残疾是人类经历的自然组成部分，决不会削弱个人参与社会或为社会作出贡献的权利。改善残疾儿童的教育效果是确保残疾人享有平等机会、充分参与、独立生活和经济自立的国家政策的重要组成部分。（1975 年《全体残障儿童教育法》）

在 1975 年《全体残障儿童教育法》颁布之前，残疾儿童往往被排除在公立教育之外。各州和地方学区没有足够的培训和资源来满足残疾儿童的需求。此外，残疾儿童往往没有得到诊断。当国会决定采取行动、通过立法并永久改变关于残疾的描述时，他们写道，《残疾人教育法》的目的是：

确保所有残疾儿童都能够获得免费且适当的公立教育，这种教育强调特殊教育和相关服务，旨在满足他们的特殊需求，并为他们进一步的教育、就业和独立生活做好准备；确保残疾儿童

及其父母的权利得到保护；协助各州、地方、教育服务机构和联邦机构为所有残疾儿童提供教育。(IDEA，2004)

只有当残疾儿童符合《残疾人教育法》对残疾学生的定义时，他们才会受到《残疾人教育法》的保护。《残疾人教育法》采用分类法定义残疾学生。图 3.1 列出了十三种残疾类别，学生可以根据多学科团队的个性化评估来确定是否符合这些类别。多年来，术语不断变化。例如，2010 年，奥巴马总统签署了一项法律，要求联邦政府将 "mental retardation"（弱智）这一分类术语替换为 "intellectual disability"（智力障碍）。

需要注意的是，并非所有残疾学生都能自动获得《残疾人教育法》的保护。因为《残疾人教育法》的目的是提供教育服务，所以只有那些残疾对其教育会产生不利影响的学生才有资格接受特殊教育。学生可能有被诊断出听力障碍，但如果这种听力障碍没有对他们的教育进程产生负面影响，那么他们就不符合接受特殊教育的条件，而很可能会接受 504 计划。

31

《残疾人教育法》中的残疾类别
- 自闭症
- 聋盲
- 聋
- 听力障碍
- 智力障碍
- 多重残疾
- 肢体障碍
- 其他健康障碍
- 情绪障碍
- 特殊学习障碍
- 言语或语言障碍
- 创伤性脑损伤
- 视力障碍或失明

图 3.1 《残疾人教育法》中的残疾类别

《残疾人教育法》的结构是怎样的?

根据该法律的全面性,《残疾人教育法》是一份长达 162 页的法律文件。它分为四部分(A、B、C 和 D)。表 3.1 是《残疾人教育法》的各部分概述。

表 3.1 《残疾人教育法》的四部分

部 分	主 题	说 明
A 部分	总则	概述《残疾人教育法》的一般规定,包括《残疾人教育法》的目的和整个法规中使用的定义。
B 部分	为所有残疾儿童提供教育援助	包含与公式拨款相关的条款,该拨款用于帮助各州在限制最少的环境中为 3 岁至 21 岁的残疾儿童提供免费适当的公立教育。
C 部分	残疾婴儿和幼儿	包含与公式拨款相关的规定,这些拨款可帮助各州为 2 岁以下的婴幼儿及其家庭提供早期干预服务。
D 部分	改善残疾儿童教育的国家活动	包含与自由裁量拨款相关的规定,用于支持州人员发展、技术援助和传播、技术以及家长培训和信息中心。

A 部分。任何法律都会有一个总则部分。在 A 部分中,国会解释了该法律的原则和目的。有关残疾学生教育的相关事实也在 A 部分中提供。在任何法律中提供关键术语的定义都很重要,以便所有利益相关者达成一致。

这些定义的目的是帮助利益相关者以标准的方式执行法律,但主观性较强的术语往往会引发诉讼,例如我们将在第四章中介绍的 "appropriate"(适当)的定义。

B 部分。大多数特殊教育教师和管理人员应该对《残疾人教育法》的 B 部分非常熟悉。该部分涉及 3 岁至 21 岁残疾学生的教育。到目前为止，B 部分是《残疾人教育法》中最大的一部分，因为它占《残疾人教育法》全部支出的近 95%（Congressional Research Service，2019）。

为了获得 B 部分的资金，各州必须提交符合《残疾人教育法》要求的特殊教育计划。B 部分的规定要求各州确保所有符合特殊教育资格的学生都受到六项关键原则的保护。

33 这些原则是：(a) 免费适当的公立教育、(b) 非歧视性评估、(c) 在限制最少的环境中接受教育、(d) 个性化教育计划、(e) 家长参与其子女教育的权利，以及 (f) 保护学生和其家庭利益的程序性保障。这里的六个原则通常被称为特殊教育的支柱（图 3.2）。接下来的章节将更详细地讨论每个支柱。

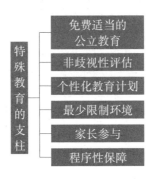

图 3.2　特殊教育的六支柱

C 部分。早期干预对残疾儿童的重要性已经在研究中得到充分证实（National Early Childhood Technical Assistance Center，2011）。《残疾人教育法》的 C 部分旨在为有残疾或面临严重发育障碍风险的婴儿（从出生到 2 岁）及其家庭提供支持。它向全州实施机构间早期干预服务计划的州提供拨款。服务可包括家庭培训、咨询、职业和物理治疗、语言病理治疗、医疗服务或其他服务，具体取决于家庭及其孩子的个人需求。

与《残疾人教育法》B 部分中学生接受的个性化教育计划不同，C 部分中符合条件的儿童接受个性化家庭服务计划。

个性化家庭服务计划是在包括孩子家庭成员在内的适当利益相关者之间制定的。它是一份指导文件，说明了家庭所关注的问题、儿童目前的功能和需求水平、儿童和家庭将接受的服务、服务地点以及服务时间。个性化家庭服务计划的一个重要原则是在自然环境中提供服务，即在家庭和儿童感到舒适的地方（通常是在家里）。

D 部分。通过竞争性拨款，D 部分旨在加强全国范围内的残疾儿童教育。州教育机构可获得竞争性拨款，以帮助改善其系统，培养特殊教育人员，并改善残疾儿童的总体教育。大学和非营利组织是有资格获得竞争性拨款的其他实体。大学通常会为特殊教育项目、教师和教职员工的招聘和发展寻求 D 部分的资助。拨款可以支持非营利组织建立信息中心，并就各种问题（包括早期干预和特殊教育的重要性）对家长进行教育。只有不到 2% 的《残疾人教育法》资金用于 D 部分的项目（Congressional Research Service，2019）。

34

《残疾人教育法》、《康复法》第 504 条和《美国残疾人法》是如何相互关联的？

《残疾人教育法》并不是唯一一部保护残疾人的联邦法律。反歧视倡导最终促使联邦政府通过了另外两部重要的法律，这两部法律也值得我们探讨。

《康复法》第 504 条。1973 年《康复法》是禁止基于残疾的歧视的首次重大立法尝试。该法有多个章节，但就教育和学校而言，

《康复法》第 504 条最为相关。该法的这一部分简称为第 504 条，该部分禁止任何接受联邦财政援助的计划或活动歧视符合条件的残疾人。鉴于几乎所有公立学校都接受联邦资金，第 504 条适用于公立 K-12 学校以及接受联邦援助或有学生接受联邦资金援助（如学生贷款）的大学。第 504 条不是一个基于教育的法条；相反，它是一个民权法条，这意味着它不仅保护残疾学生，也保护残疾家长和员工免受歧视。当残疾人士因其残疾而被排除在参与之外或受到不同对待时，就会发生学校歧视（Yell, 2019）。该法规明确规定：

> 在美国,任何符合条件的残疾人,不得仅因其残疾而被排除在接受联邦财政援助的任何计划或活动之外,或被剥夺这些利益,或在其中受到歧视。(1973 年《康复法》)

为了符合第 504 条的保护条件，该法将"disability"（残疾）定义为：

> 任何人(a)有身体或精神障碍,这种障碍实质性地限制了此人一项或多项主要生活活动;(b)有此类障碍记录;(c)被视为具有此类障碍。

图 3.3 进一步说明了第 504 条（以及《美国残疾人法》）规定的残疾条件。

在教育方面，第 504 条有四大原则。第一个原则是保护不受歧视。该原则确保残疾人士与非残疾同龄人一样，有平等的机会从学校的学术或非学术项目中获益。通常被称为可比性要求（Ferreri, 2019），要求学校提供可比的受益机会。为此，学校需要提供合理的

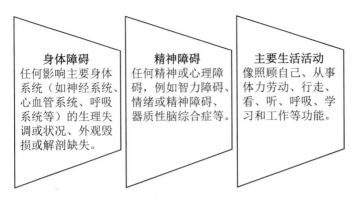

图 3.3　第 504 条和《美国残疾人法》对身体障碍、精神障碍和主要生活活动的定义

物质或课程便利。"合理的便利"是一个主观术语，法院已经就不合理的情况提供了一些指导，例如超出项目的规模、类型和预算承受能力的财务和行政负担。

第二个原则是评估与安置。就歧视而言，根据第 504 条，一个人无需有记录在案的残疾也可能会受到歧视。

他们可能会"被视为有"残疾，因此受到歧视。例如，一名学生可能被认为有情绪障碍，因而不被允许参加实地考察。该学生因被认为有"精神障碍"而受到区别对待。根据第 504 条，这可能是一种歧视行为。然而，在提供合理便利时，残疾人必须有文件证明其身体或精神残疾限制了主要生活活动。个人（或家长，如果是学生）有义务向学校提供残疾证明。

一旦学校收到第 504 条规定的残疾证明通知，学校就有责任提供第三个原则，即免费适当的公立教育。在一个由利益相关者（例如教师、家长、504 学校协调员）组成的团队中，将制定一项 504 计划，旨在记录学生将获得的合理便利或相关服务，以确保他们在最少限制环境中的需求，能够与非残疾同龄人的需求得到同等程度的满足。第 504 条下免费适当的公立教育中"appropriate"（适当）的定义与《残疾人教育法》中的定义不同（我们将在第 4 章中看到）。

36

在第 504 条中，"适当"是一个等效术语。如果学生能免费获得与其非残疾同龄人相当的公立教育，即视为满足了免费适当的公立教育的要求。

第 504 条的第四个原则是程序性保障。如果出现分歧，学校必须为家长或监护人制定适当的程序供其遵循。程序性保障为家长和监护人提供了众多权利，如向学区提出申诉的权利、审查其孩子记录的权利、获得公正听证的权利等。

《残疾人教育法》与第 504 条。了解《残疾人教育法》和第 504 条之间的一些异同点很重要。首先，如果学生符合《残疾人教育法》规定的特殊教育资格，他们就会自动受到第 504 条规定的反歧视保护。《残疾人教育法》仅对符合十三种残疾类别中一种或多种类别的儿童和学生（从出生到 21 岁）提供保护，且残疾会影响教育进展。第 504 条适用于所有主要生活活动受到影响的残疾人。总体而言，与第 504 条相比，《残疾人教育法》是一项更为有力和全面的立法。《残疾人教育法》要求更完整的评估过程、更详细的个性化计划、更彻底的进度监测，以及更复杂的正当程序。图 3.4 重点介绍了《残疾人教育法》和第 504 条之间有关正当程序的一个重要案例。

《美国残疾人法》。尽管第 504 条制定了反歧视立法，但其范围仅限于接受联邦财政拨款的项目。国会意识到，在住房、交通、就业、娱乐、卫生服务、投票等方面，对残疾人的歧视仍然存在（Yell，2019）。因此，1990 年，国会将第 504 条规定的公民权利和反歧视保护扩大到公共生活的各个方面。国会通过《美国残疾人法》，并由乔治·H. W. 布什（George H. W. Bush）总统签署成为法律。该法的目的明确且大胆：

1. 为消除对残疾人的歧视提供明确而全面的国家授权。

2. 为消除对残疾人的歧视提供明确、有力、一致、可执行的标准。

3. 确保联邦政府在代表残疾人执行该法所规定的标准方面发挥核心作用。

4. 行使国会权力,包括执行第十四条修正案和监管商业的权力,以解决残疾人日常生活中面临的主要歧视问题。(1990 年《美国残疾人法》)

2017 年弗莱诉拿破仑社区学校案(Fry v. Napoleon Community Schools) 37

案件事实

埃莱娜·弗莱(Ehlena Fry)天生患有脑瘫,运动技能和行动能力受损。2008 年,弗莱的儿科医生给她配了一只名为"旺德"(Wonder)的服务犬。旺德可以帮助埃莱娜解决行动不便的问题,例如开门、捡起掉落的物品以及在她从椅子转移到厕所时帮助她保持平衡。埃莱娜所在的小学(拿破仑社区学校内的一所学校)不允许埃莱娜带服务犬上学。学校辩称,人类助手可以提供所有必要的帮助,使埃莱娜可以接受免费和适当的公立教育。最终,学校允许旺德在试用期内陪伴埃莱娜上学。但是,旺德只能坐在教室后面,而且在午餐时间、课间休息、图书馆或计算机实验室以及其他学校活动中都不能与埃莱娜在一起。试用期结束后,学校再次拒绝让埃莱娜带服务犬上学。

弗莱一家根据《康复法》第 504 条和《美国残疾人法》起诉拿破仑社区学校,理由包括拒绝提供平等入学机会。拿破仑社会学校提出反驳,声称弗莱一家需要遵循《残疾人教育法》规定的正当程序。

所涉法律问题

摆在法院面前的问题是,受《残疾人教育法》保护的家庭是必须遵循《残疾人教育法》正当程序,还是可以根据第 504 条正当程序提起诉讼。巡回上诉法院同意拿破仑社区学校的意见,即由于该诉讼牵涉到《残疾人教育法》,而且将旺德纳入埃莱娜的教育是一项教育目标,因此必须遵循《残疾人教育法》的正当程序。

最高法院的裁决

最高法院一致裁定弗莱一家胜诉,称拒绝旺德是基于残疾的歧视,但不属于《残疾人教育法》规定的拒绝提供免费适当的公立教育。因此,弗莱一家无需用尽《残疾人教育法》规定的正当程序。最高法院提出了两个问题,可供法院今后在审理第 504 条和《残疾人教育法》正当程序申诉之间的争议时参考:

> 如果被指控的行为发生在图书馆或公共剧院等公共设施,该家庭是否可以提出基本相同的诉讼?
> 学校的成年人,如雇员或访客,是否也能提出同样的诉讼?

图 3.4 重要判例

38

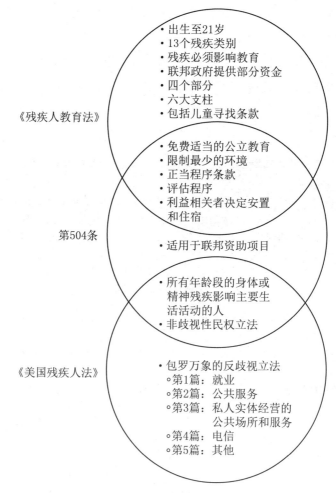

《残疾人教育法》
- 出生至21岁
- 13个残疾类别
- 残疾必须影响教育
- 联邦政府提供部分资金
- 四个部分
- 六大支柱
- 包括儿童寻找条款

- 免费适当的公立教育
- 限制最少的环境
- 正当程序条款
- 评估程序
- 利益相关者决定安置和住宿

第504条
- 适用于联邦资助项目

- 所有年龄段的身体或精神残疾影响主要生活活动的人
- 非歧视性民权立法

《美国残疾人法》
- 包罗万象的反歧视立法
  - 第1篇：就业
  - 第2篇：公共服务
  - 第3篇：私人实体经营的公共场所和服务
  - 第4篇：电信
  - 第5篇：其他

图 3.5　2004 年《残疾人教育法》、1973 年第 504 条
和 1990 年《美国残疾人法》之间的异同

39　　　**第 504 条与《美国残疾人法》的比较。**《美国残疾人法》中"残疾"的定义与第 504 条相同（见图 3.3）。这两法之间的主要区别在于残疾人的受保护范围。《美国残疾人法》的保护范围大大扩大，几乎涵盖了公共生活的所有方面。《美国残疾人法》对残疾人的保护分为五个标题：第一篇为就业，第二篇为公共服务，第三篇为私人实体经营的公共场所和服务，第四篇为电信，第五篇为其他规定。图 3.5 重点介绍

了《残疾人教育法》、第 504 条和《美国残疾人法》之间的异同点。

哪里可以找到更多关于《残疾人教育法》、《康复法》第 504 条和《美国残疾人法》的信息？

富兰克林县法律图书馆（Franklin County Law Library）。该数据库提供了各州特殊教育法律法规的链接。关于你所在的州的信息，请访问：http://fclawlib.libguides.com/specialeducation/50statesurvey。

《公立中小学第 504 条家长和教育工作者资源指南》（Parent and Educator Resource Guide to Section 504 in Public Elementary and Secondary Schools）。这是一部详尽且全面的指南，介绍如何阅读第 504 条的法律法规，提供易于理解的定义和说明。要获取此文档，请访问：https://www2.ed.gov/about/offices/list/ocr/docs/504-resource-guide-201612.pdf。

《美国残疾人法》国家网络（ADA National Network）。这是一个很好的资源，提供有关《美国残疾人法》各章的更多信息、视频、宣传册、手册和指南。还提供了有关《美国残疾人法》的其他信息。要获取这些信息，请访问：https://adata.org/learn-about-ada。

家长信息和资源中心（Center for Parent Information and Resources, parentcenterhub.org）。提供有关《残疾人教育法》的信息资源，有英语和西班牙语版本。有关《残疾人教育法》的摘要、指南和培训材料等资源可在此处查阅：https://www.parentcenterhub.org/idea/。

美国教育部——特殊教育和康复服务办公室（U.S. Department of Education—Office of Special Education and Rehabilitative Services）。四十年后。关于《残疾人教育法》的简短视频链接，以及《残疾人教育法》如何改变残疾人士生活的故事：https://www2.ed.gov/about/

offices/list/osers/idea40/index.html。

关键术语

相当的公立教育：与非残疾同龄人相当的教育。不必是完全相同的教育，但必须具有可比性。

支出：花费的金额。

机构间计划：将职业治疗、语言病理学、医疗服务和咨询等不同学科的专业人员聚集在一起的计划。

多学科团队：由来自多个学科的人员（如特殊教育教师、普通教育教师、心理学家、校长）组成的团队，他们对学生进行特殊教育评估，并合作制定个性化教育计划。

特殊教育的支柱：《残疾人教育法》的主要原则，重点关注学生的权利和公立学校对残疾学生的责任。

条款：法律中保护合同一方或双方利益的必要指令。

合理便利：为残障学生提供与非残障同龄人相似的便利机会，而不会造成过重的经济或行政负担的适应措施。

相关服务：为帮助残疾学生从特殊教育中受益所需的交通以及发展性、矫正性和其他支持性服务。

利益相关者：与特定结果利益相关的人。

讨论问题

1. 《残疾人教育法》如何改变了美国的公立教育？

2. 如果国会最初承诺的为《残疾人教育法》提供 40% 的联邦资金成为现实，会有什么变化？

3. 为什么第 504 条和《美国残疾人法》对残疾人来说如此重要?

4. 未来的国会领导人将会如何改进《残疾人教育法》?

5. 未来的国会领导人将会如何改进第 504 条和《美国残疾人法》?

参考文献

American with Disabilities Act of 1990, 42 U.S.C. § 12101.

Congressional Research Service. (2019). The Individuals with Disabilities Education Act (IDEA) funding: A primer. Retrieved from https://fas.org/sgp/crs/misc/R44624.pdf.

Education of All Handicapped Children Act of 1975, 20 U.S.C. § 1401.

Ferreri, F. (2019). What do I do when … ? The answer book on Section 504. LRP Publications.

Individuals with Disabilities Education Act of 2004, 20 U.S.C. § 1400.

National Early Childhood Technical Assistance Center. (2011). The importance of early intervention for infants and toddlers with disabilities and their families. Retrieved from https://ectacenter.org/~pdfs/pubs/importanceofearlyintervention.pdf.

Rehabilitation Act of 1973, Section 504 Regulations, 34 C.F.R § 104.1.

U.S. Department of Education. (2010). Thirty-five years of progress in educating children with disabilities through IDEA. Washington, DC Retrieved from https://files.eric.ed.gov/fulltext/ED515893.pdf.

Yell, M. L. (2019). The law and special education (5th ed.). Pearson Education.

41

第二部分
《残疾人教育法》的支柱

第四章
免费适当的公立教育

免费适当的公立教育是联邦赋予残疾学生的一项权利，以确保他们能公平地接受普通教育课程。

——唐娜·伯特（Donna Bort）
俄亥俄州特殊教育教师

在 1975 年通过《全体残障儿童教育法》之前，国会估计有数百万残疾儿童被排除在公立学校之外。此外，在公立学校就读的数百万残疾学生也没有受到适合他们需要的教育（Yell & Bateman, 2017）。通过《全体残障儿童教育法》，国会向各州提供联邦财政拨款，帮助他们制定和改善残疾学生的教育计划。为了获得财政拨款，各州需要向联邦政府提交计划，详细说明如何向残疾学生提供免费适当的公立教育。

我们知道，1975 年《全体残障儿童教育法》在过去的几十年里几经重新授权，现在已成为 2004 年《残疾人教育法》。尽管立法有所变化（例如增加了残疾类别），但免费适当的公立教育仍然是

1975 年首次确立的特殊教育的六大关键支柱之一。它也是特殊教育的一个支柱，引发了大量的争议和诉讼，至今仍在继续。在本章中，我们将讨论特殊教育的第一个支柱——免费适当的公立教育（图 4.1），并回答以下关键问题：

 1. 什么是免费适当的公立教育？

 2. 哪些法规和判例规定了免费适当的公立教育？

 3. 如何确保免费适当的公立教育？

 4. 哪里可以找到更多关于免费适当的公立教育的信息？

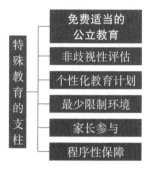

图 4.1　免费适当的公立教育是特殊教育的第一大支柱

什么是免费适当的公立教育？

符合《残疾人教育法》规定的十三个残疾类别中的一项或多项的学生，有资格获得特殊教育及相关服务（有关相关服务的更多信息，请参阅第十一章）。

《残疾人教育法》的立法者明白，每个孩子对特殊教育及相关服务的需求都是不同的，取决于他们各自的教育需求。因此，无法在法律中明确写出免费适当的公立教育的定义；相反，免费适当的公立教育需要根据每个孩子的具体情况来确定。对一个学生

46

来说合适的特定服务可能对另一个学生来说并不合适。这完全取决于学生的个人需求。为了更好地理解免费适当的公立教育的概念，我们将从"免费"和"公立"这两个较为客观的术语入手，逐一探讨其各个组成部分。然后，我们将探讨更为主观的术语——"适当"。

免费教育。免费教育意味着学校不得向残疾学生的父母或监护人收取任何特殊教育或相关服务的费用。学校必须向符合条件的学生家庭免费提供所有服务。不过，《残疾人教育法》允许向残疾学生家长收取与非残疾学生家长相同的费用，例如，实地考察费、艺术用品费和技术费。

免费教育的另一个重要方面是，学校不得以服务费用为由拒绝提供任何特殊教育或相关服务。当个性化教育计划小组规划学生的特殊教育服务时，他们在确定该服务是否合适时不能考虑费用。例如，如果对学生的评估确定该学生需要理疗服务，那么个性化教育计划小组就必须提供理疗服务，无需考虑费用问题。只有当有两种或两种以上的服务适合学生的教育需求时，个性化教育计划小组才可以考虑服务成本。例如，一名有严重医疗需求的学生需要寄宿安置。如果有两个住宿设施都能提供适当的服务，那么个性化教育计划小组在作出安置决定时才可以考虑这两个项目的成本。

公立教育。根据《残疾人教育法》，所有符合特殊教育条件的学生都有权获得符合州标准的学前、小学和中学教育。鉴于教育事宜由各州负责（根据第十修正案），各州有制定教育标准的自由，尽管《残疾人教育法》中规定了一些要求，例如何时应进行过渡规划（有关过渡服务的更多信息，请参见第十一章）。具体而言，《残疾人教育法》要求个性化教育计划小组在学生年满 16 岁时开始进行过渡规划。因此，各州必须满足这一最低要求，才能获得《残疾人教育法》的资助。各州可以制定更严格的标准，例如要求在学生 14 岁时制定过渡计划（如印第安纳州）。但是，各州制定的标准不能低于联邦政府的标准。

所有残疾儿童都有权接受免费的公立教育。然而，有时父母会选择将孩子送入私立学校（例如出于宗教目的），即使存在免费的公立学校。如果父母这样做，孩子接受免费适当的公立教育的权利就被放弃了，学区不负责提供特殊教育服务或支付私立学校的学费。学区只在公立学校提供免费适当的教育，而没有在私立学校提供免费适当教育的义务。然而，如果学区不能在公立学校为学生提供适当的特殊教育服务，那么学区就有责任承担私立学校的学费，以提供免费适当的教育。虽然"免费"和"公立教育"的概念很简单，但多年来，学校和法院在确定何为"适当"的教育时却一直存在困难。

适当教育。适当教育没有明确的定义，因为"适当"一词的含义取决于具体情况。一个残疾学生的情况与另一个残疾学生的情况相比可能会有很大的不同。这意味着特殊教育服务的适当性取决于每个儿童的具体情况。国会意识到特殊教育服务需要因人而异，并要求所有符合《残疾人教育法》规定的学生都要有个性化教育计划。

48　　学校有责任与学生父母或监护人合作制定个性化教育计划。这份书面文件描述了学生的教育需求，并详细说明了将提供的服务。我们将在第六章探讨有关个性化教育计划的基本问题，但重点是要记住，学生的个性化教育计划是提供适当教育的主要依据（Bateman，2017）。个性化教育计划记录了学生的个人情况以及为满足这些情况而提供的特殊教育服务。因此，个性化教育计划是学生免费适当的公立教育的核心（Bateman，2017）。

哪些法规和判例规定了免费适当的公立教育？

自 1975 年首次通过以来，《残疾人教育法》中"免费适当的公立教育"的定义一直未变。2004 年《残疾人教育法》规定，"免费适当的公立教育"是指符合以下条件的特殊教育及相关服务：

a. 在公共监督和指导下，由政府出资免费提供。

b. 符合州教育机构的标准。

c. 包括相关州内适当的学前、小学或中学教育。

d. 按照个性化教育计划提供。

鉴于"适当"一词的主观性，确定什么是适当的教育经常导致家长和学校之间出现分歧。1975 年学校被要求提供免费适当的公立教育后不久，司法案件就从地方和州级层面上升到联邦法院系统。20 世纪 80 年代初，美国巡回上诉法院开始审理案件，为适当教育提供指导和定义。最终，美国最高法院于 1982 年决定考虑免费适当的公立教育的含义，为所有下级法院提供指导，并设定国家标准。1982 年亨德里克·哈德逊学区教育委员会诉罗利案（Board of Education of the Hendrick Hudson School District v. Rowley，以下简称"罗利案"）是美国最高法院审理的第一起特殊教育案件。

1982 年罗利案。根据《残疾人教育法》，艾米·罗利（Amy Rowley）作为一名失聪学生在纽约的亨德里克·哈德逊学区有资格接受特殊教育。在上幼儿园之前，艾米的个性化教育计划小组决定将她安排在普通教育幼儿园班级，校长同意为艾米提供一名手语翻译。然而，当艾米开始上幼儿园时，并没有手语翻译。学区官员告诉校长，在分配手语翻译之前，要尝试所有其他选择（Smith，1996）。可以理解的是，艾米的父母（也是聋哑人）非常沮丧。最终，校长同意在艾米的班级中安排一名手语翻译进行为期四周的试用。然而，仅仅两周后，就不再提供翻译服务了，因为艾米对他产生了负面反应。艾米在没有翻译的情况下成功地完成了她的幼儿园学业。

49 　　在升入一年级之前，艾米的个性化教育计划已经制定，她被安排在普通教育班级。她将继续使用助听器，同时接受辅导和言语服务。同样，学校也没有提供手语翻译。她的父母提出了正当程序听证，声称学校拒绝提供手语翻译剥夺了艾米接受免费适当的公立教育的机会。

　　州法院同意学区的观点，认为艾米不需要翻译就能接受免费适当的公立教育。然而，在艾米的父母向联邦法院提起诉讼后，联邦地区法院声称学区通过拒绝提供翻译剥夺了艾米接受免费适当的公立教育的机会。学区随后向美国第二巡回上诉法院提起上诉，结果败诉。上诉法院同意联邦地区法院的观点，即学校剥夺了艾米"与其他孩子一样充分发挥潜能的机会"（Board of Education of the Hendrick Hudson School District v. Rowley，1982，第534页）。学区接着向美国最高法院提起了上诉。

　　最高法院认识到免费适当的公立教育的含义的不确定性导致了下级法院裁决的冲突。因此，最高法院同意审理此案，以回答两个问题：什么是免费适当的公立教育，以及州法院和联邦法院在审查特殊教育决定方面分别起到什么作用。最高法院以六票对三票的方式作出了有利于学区的裁决，即艾米不需要翻译就能从特殊教育服务中获得"教育利益"。最高法院指出，免费适当的公立教育的目的是为残疾学生提供"基本的机会"，而不是最大限度地发挥儿童的教育潜能。由于艾米在学校表现良好，学业成绩高于同龄人，最高法院指出，学区已经为艾米提供了适当的教育，学区没有必要最大限度地发挥她的教育潜能。

罗利标准(The Rowley standard)。为协助下级法院在未来的争议中确定特殊教育服务的适当性，最高法院制定了罗利标准。罗利标准是一项由两部分组成的测试，法院可通过该测试来确定学区是否提供了公平教育。该测试的两部分组成如下：

1. 学校是否遵守了《残疾人教育法》的程序？

2. 通过《残疾人教育法》程序制定的个性化教育计划能否合理地使儿童获得教育利益？

测试的第一部分为学生及其家庭确立了程序性权利。如果学区没有遵守规定的程序，法院可以判定学区剥夺了学生接受免费适当的公立教育的机会（Yell, 2019）。例如，学区必须在一定时限内（如60天）完成所要求的评估；必须邀请家长加入其子女的个性化教育计划小组并让他们参与其中；如果学生的教育安置发生变化，必须在10个学校日内召开个性化教育计划会议。这些都是《残疾人教育法》所规定的学校必须遵守的具体程序的例子。如果法院裁定学校违反了《残疾人教育法》的程序，导致学生无法接受教育，那么学校就是剥夺了学生接受免费适当的公立教育的机会。

测试的第二部分规定了残疾学生及其家庭的实质性权利。这部分测试要求法院审查学生个性化教育计划的实质内容，以确定个性化教育计划是否经过合理设计，使学生能够获得教育利益（Yell, 2019）。个性化教育计划的实质内容包括学生目前的学业和功能表现水平、年度目标和计划、进展监测、相关服务、过渡服务（如学生年龄合适）等。与程序部分相比，罗利标准的实质部分一直是法院难以裁决的问题（Yell et al., 2016）。在试图确定什么对学生个人构

50

成教育效益时，法院之间出现了分歧。

较高和较低的教育效益标准。在最高法院发布罗利标准指令后，残疾儿童的家长继续向学区提出挑战，要求其尽可能提供最好的特殊教育服务。随着这些案件的上诉和司法管辖权的上升，美国巡回上诉法院之间出现了分裂。第三和第六巡回上诉法院采用了更高的教育福利标准。这些巡回上诉法院对罗利标准的解释是，个性化教育计划必须提供有意义的教育效益，微不足道的效益不足以构成免费且适当的公立教育（Yell & Bateman，2017）。

第二、第四、第七、第八、第十和第十一巡回上诉法院采用了较低的教育效益标准，要求学区提供的服务所带来的教育效益应略高于微不足道的或最低限度的水平（de minimis）。

主张降低罗利标准或采用最低限度标准的观点常常伴随着"雪佛兰对凯迪拉克"的类比。这个类比表明，由于最高法院将《残疾人教育法》解释为只要求提供基本的机会，因此学区没有义务提供凯迪拉克式的服务以最大限度地发挥学生的教育潜力。相反，一辆可提供服务的雪佛兰就足以确保学生获得一些教育效益。这个类比经常被学区和法官用来倡导较低的教育效益标准（参见 Doe ex rel. Doe v. Bd. of Ed. of Tullahoma City Sch.，1993）。

鉴于美国巡回上诉法院对教育效益的解释存在分歧，最高法院决定介入以解决争议。最高法院需要回答的问题是：为了向残疾学生提供免费适当的公立教育，学区必须赋予他们何种程度的教育效益？

2017 年恩德鲁·F. 诉道格拉斯县学区案（Endrew F. v. Douglas County School District，以下简称恩德鲁·F. 案）。恩德鲁的父母和老师都称他为德鲁（Drew），他是一名四年级学生，患有自闭症和注意力缺陷多动症，正在接受特殊教育服务。德鲁自上幼儿园以来一直在道格拉斯县学区就读。然而，多年来，德鲁的父母对他的特殊教育服务感到不满。德鲁的父母认为他的行为正在变坏，他的学业成绩也停滞不前。他们注意到，德鲁的个性化教育计划目标年复一年没有变化，这表明德鲁没有取得进步。德鲁的父母把他从公立学校转到一所专门教育自闭症学生的私立学校。

51

经过几个月的强化学术指导和全面的行为计划，德鲁的学业成绩和行为都有了很大的改善。

德鲁的父母希望他能回到以前的公立学校，于是他们联系了道格拉斯县。他们要求更新德鲁的个性化教育计划，以反映私立学校提供的行为计划和学业干预措施。当学校拿出一份德鲁的父母认为与他的旧个性化教育计划基本相同的个性化教育计划时，他们把德鲁重新送回了私立学校，并提起了正当程序诉讼，要求补偿学费。德鲁的父母辩说，他的个性化教育计划没有经过合理考量，不能使德鲁获得教育效益。听证官裁决，学校的个性化教育计划确实为德鲁提供了教育效益；因此，学校提供了免费适当的公立教育，并拒绝了德鲁父母报销私立学校学费的请求。

对此德鲁的父母决定提出上诉。在一次又一次的裁决中，法院同意学区的观点，即尽管德鲁的父母要求个性化教育计划提供更严格的特殊教育服务，但学区还是向德鲁提供了免费适当的公立教育。事实上，第十巡回上诉法院在其裁决中指出，根据罗利标准的"基本机会底线"，德鲁的个性化教育计划是为了提供教育效益而制定的，尽管它"仅仅略高于最低限度"（Brady et al., 2020）。德鲁的父母对巡回上诉法院的裁决提出上诉，并要求美国最高法院回答以下问题：学区必须为残疾儿童提供何种程度的教育效益，才能满足《残疾人教育法》关于免费适当的公立教育的规定？

在最高法院的一致裁决中，免费适当的公立教育的新标准是"为了履行《残疾人教育法》规定的实质性义务，学校必须提供经合理评估的个性化教育计划，使儿童能够根据自身情况取得适当的进步"（Endrew F. v. Douglas County School District，2017）。最高法院驳回了第十巡回上诉法院适用的最低标准，并指出新标准的要求明显更严格。虽然教育效益的最低标准被否决，但其他巡回上诉法院采用的更高的教育效益标准也未被采纳。新标准要求听证官和法官逐案关注个性化教育计划的适当性，并根据儿童的具体情况判断其是否充分。最高法院并未推翻罗利案的裁决，而是修订了罗利案的两部分检验标准。新的罗利／恩德鲁测试（The Rowley/Endrew test）是：

1. 学区是否遵守了《残疾人教育法》的程序？

2. 个性化教育计划是否经过合理评估，使学生能够根据自身情况取得适当的进步？

如何确保免费适当的公立教育？

鉴于有关免费适当的公立教育的诉讼历史，教育工作者和管理者在确定是否提供了免费适当的公立教育时，应充分了解罗利／恩德鲁测试。叶尔（Yell，2019）提出了六项原则，可以为学区制定适合残疾学生的计划提供指导。

原则 1：让家长参与个性化教育计划过程。在《残疾人教育法》中，国会规定学生的父母或监护人必须以全面、平等和有意义的方式参与对其子女的特殊教育的鉴定、评估、规划和安置。2004 年《残疾人教育法》指出：

近三十年的研究和经验表明，通过加强家长的作用和责任，确保家庭……有机会有意义地参与其子女的教育，可以使残疾

52

儿童的教育更加有效。

作为个性化教育计划团队的平等成员，家长有权为其子女争取免费适当的公立教育，并参与确定其子女适当教育的内容。

原则2：为管理人员、教师和员工提供培训，以使他们了解自己在《残疾人教育法》中的职责。如果管理人员和教师不了解他们在《残疾人教育法》中的责任，就很可能会侵犯学生的程序性权利或实质性权利。所有参与儿童特殊教育及相关服务的人员都必须了解他们在《残疾人教育法》中的责任。特别是，教师必须熟练掌握循证教学方法和进度监测方法。

原则3：制定有教育意义且法律上合理的个性化教育计划。个性化教育计划必须经过合理考量，使儿童能够根据自身情况取得适当进步。学区可以通过使用有证据表明有效的教育实践并忠实地实施这些实践来确保实现这一目标。通过收集学生的进步数据，学校工作人员可以根据学生是否在学业或功能方面取得进步来调整教学实践。

原则4：提供学习普通教育课程的机会。接受特殊教育的学生必须有机会学习普通教育课程。鉴于他们的残疾会影响学习成绩，个性化教育计划必须说明他们的残疾如何影响了对普通教育课程的参与。因此，学生个性化教育计划中的年度目标和计划必须包括教学实践，以便根据学生的个人情况提供普通教育课程。

原则5：将学生安置在限制最少的环境中。《残疾人教育法》规定，应将接受特殊教育的学生安置在限制最少的环境中（有关《残疾人教育法》中最少限制环境支柱的更多信息，请参见第五章）。这意味着残疾学生应尽可能多地与非残疾同龄人在一起。《残疾人教育法》的规定包括两部分：（1）残疾儿童必须在最大程度上与非残疾儿童一起接受教育；（2）只有在残疾的性质或严重程度导致普通教育班级无法通过使用辅助器具和服务实现令人满意的教育时，才能

53　将残疾儿童从普通教育环境中分离出来。当决定学生的安置时，个性化教育计划小组必须考虑到学生的个人情况，以及什么适合或不适合该学生取得教育进步。

　　原则 6：充分执行书面的个性化教育计划。个性化教育计划是一份具有法律约束力的协作性文件，它规定了学生的免费适当的公立教育。个性化教育计划中列出的所有学校工作人员（例如普通教育教师、相关服务提供者等）都必须履行个性化教育计划中规定的职

免费教育的要求

☐ 不向家长或监护人收取任何特殊教育或相关服务的费用。
☐ 在确定服务是否适当时，不考虑服务费用。
☐ 如果某项计划或服务有两种或两种以上的选择，而且这两种选择都能使学生依据自身情况取得适当的进步，那么个性化教育计划小组可以考虑费用问题。

适当的程序性要求

☐ 在评估和制定个性化教育计划的过程中，遵循了《残疾人教育法》和州特殊教育程序。
☐ 所有程序均在法定时限内完成。
☐ 家长以有意义的方式参与了孩子个性化教育计划的制定，并持续参与个性化教育计划会议。
☐ 所有其他相关利益方都参与了评估和个性化教育计划的制定，并持续参与个性化教育计划会议。
☐ 系统地监测学生的进步情况，并定期向家长汇报。

适当的实质性要求

☐ 个性化教育计划的年度目标要远大、具有挑战性且可衡量。
☐ 特殊教育服务旨在使学生能够根据自身情况取得适当的进步。
☐ 在学生的个性化教育计划中明确规定了特殊教育服务。
☐ 如果进度监测数据显示学生在实现其目标方面没有取得进展，则会对教学进行调整。
☐ 评估是相关的、有意义的，并能满足学生的所有需求。
☐ 个性化教育计划小组能够证明他们在学生的个性化教育计划中就学生的进步所作的决定是合理的。

公立教育的要求

☐ 有个性化教育计划的学生可接受公立学前、小学和中学教育。
☐ 特殊教育的目标和计划与州教育标准一致。

图 4.2　确保免费适当的公立教育的核对表

责。个性化教育计划是学校与家长之间的协议，学区有责任按照书面规定执行个性化教育计划。

图 4.2 提供了学区可用于确保免费适当的公立教育的核对表。免费教育和公立教育是免费适当的公立教育的概念，与适当教育这一概念相比争议较少。虽然程序性的免费适当的公立教育的判定更为直接，但只有仔细审查学生的个性化教育计划才能确定实质性的免费适当的公立教育。正如我们将在第六章中讨论的，个性化教育计划是学生教育计划的基石，也是学生免费适当的公立教育的蓝图。

54

哪里可以找到更多关于免费适当的公立教育的信息？

莱特法（www.wrightslaw.com）。有关特殊教育的各种法律主题的综合资源汇编。可浏览相关判例、文章、书籍以及有关免费适当的公立教育的问答部分。访问此资源请点击此链接：https://www.wrightslaw.com/info/fape.index.htm。

美国教育部（U.S. Department of Education）。关于恩德鲁·F. 的最高法院裁决影响的官方指导文件，回顾了恩德鲁·F. 案的事实，澄清了新的免费适当的公立教育的标准，并提供了实施的注意事项。该文件可在以下网址找到：https://sites. ed. gov/idea/files/qa-endrewcase-12-07-2017.pdf。

全国特殊教育教师协会（National Association of Special Education Teachers）。全国特殊教育教师协会是一个全国性会员组织，致力于为准备从事特殊教育或在特殊教育领域任教的人员提供一切可能的支持和帮助。成立全国特殊教育教师协会的目的是促进特殊教育教师职业的发展，并为他们提供一个全国性的思想论坛。全国特殊教育教师协会提供有关特殊教育主题广泛的视频课程。要观看系列视频讲座，必须成为全国特殊教育教师协会会员。有关"免费适当的公立教育"视频课程，请访问网址：https://www.naset.org/index.php?id=4902。

关键术语

行为计划：关于如何预防挑战性行为以及当挑战性行为发生时如何处理的书面课程。行为计划应明确规定惩罚制度，以及由谁负责修订，小组何时开会讨论计划的更新。

最低限度：拉丁语，意为"最小的事情"。最低限度的教育效益略高于没有教育效益。

正当程序听证：类似于法庭审判，争议双方都可以提出证据、传唤证人并进行法律辩论。听证官或法官负责监督庭审并作出判决。

效能：实现预期目标的有效性或能力。

忠诚度：按照最初制定的协议或计划模式实施干预的程度。

个性化：针对个人情况的具体和独特的方法。

最少限制环境：《残疾人教育法》的一项规定，即残疾学生应在最大程度上与非残疾学生一起接受教育。

教育效益程度：一个人预计能在功能或学术上取得的进步程度。

客观的：清晰的；明确的；基于事实而非意见的。

程序性权利：必须遵循的程序，以确保根据《残疾人教育法》提供的特殊教育权利得到保障。

相关服务：为帮助残疾儿童从特殊教育中获益所需的交通和发

展性、矫正性及其他支持性服务。

严格的：非常彻底、详尽和准确。

主观性：模棱两可；不易定义；用感觉和意见来解释。

实质性权利：对教育服务的内容和质量的保护。

过渡规划：为促进学生从高中成功过渡到毕业后的活动（如高等教育、职业培训、就业、成人服务、独立生活和社会参与）而进行的规划。

讨论问题

1. 最高法院对恩德鲁·F. 案的判决是否澄清了学区必须为残疾儿童提供何种程度的教育效益才能满足《残疾人教育法》关于免费适当的公立教育的规定？

2. 免费适当的公立教育与特殊教育及其所提供的服务有何关系？

3. 特殊教育教师在确保正确实施免费适当的公立教育方面扮演什么角色？

4. 罗利案对残疾学生的教育以及当今学校的运作方式有何影响？

参考文献

Bateman, B. D. (2017). Individualized education programs. In J. M. Kauffman and D. P. Hallahan (Eds.), Handbook of special education, 2nd ed., (pp. 91—124). Taylor & Francis/Routledge.

Board of Education of the Hendrick Hudson School District v. Rowley, 485 U.S. 176 (1982).

Brady, K. P., Russo, C. J., Dieterich, C. A., & Osborne Jr, A. G. (2020).

Legal issues in special education: Principles, policies, and practices. Routledge.

Doe ex rel. Doe v. Bd. of Ed. of Tullahoma City Sch., 9 F. 3d 455, 459—460（6th Cir. 1993）.

56   Endrew F. v. Douglas County School District, 137 S. Ct. 988（2017）.

Individuals with Disabilities Education Act of 2004, 20 U.S.C. § 1400.

Smith, R. C.（1996）. A case about Amy. Temple University Press.

Wenkart, R. D.（2000）. Appropriate education for students with disabilities: How courts determine compliance with the IDEA. LRP publications.

Yell, M. L.（2019）. The law and special education（5th ed.）. Pearson Education.

Yell, M. L., & Bateman, D. F.（2017）. Endrew F. v. Douglas County School District（2017）: FAPE and the Supreme Court. Teaching Exceptional Children, 50, 1—9.

Yell, M. L., Katsiyannis, A., Ennis, R. P., Losinski, M., & Christle, C. A.（2016）. Avoiding substantive errors in individualized education program development. Teaching Exceptional Children, 49, 31—40. https://doi.org/10.1177/0040059916662204.

第五章
非歧视性评估

　　遗憾的是,特殊教育曾有过基于种族和文化特征错误识别残疾学生的历史。非歧视性评估对于确保学生获得完全基于其教育需求的必要支持而言非常重要。

　　　　　　　　——谢尔比·帕维尔卡(Shelby Pavelka)
　　　　　　　　印第安纳州学校心理学专家

　　《残疾人教育法》规定,在将学生安置在特殊教育机构并为其提供个性化教育计划之前,必须对其进行评估,以确定他们是否有影响教育表现的残疾。如果根据《残疾人教育法》证明学生有残疾,评估过程还将确定学生的学业和功能需求的性质和程度,这将在其个性化教育计划中解决。评估过程是《残疾人教育法》的重要组成部分,是确定学生是否享有免费适当的公立教育权利的必要条件。在本章中,我们将讨论特殊教育的第二个支柱——非歧视性评估（图 5.1）,并回答如下基本问题:

1. 什么是非歧视性评估?

2. 非歧视性评估与免费适当的公立教育有何关系?

3. 哪些法规和判例规定了非歧视性评估?

4. 如何确保评估的非歧视性?

5. 哪里可以找到更多关于非歧视性评估的信息?

58

图 5.1　非歧视性评估是特殊教育的第二大支柱

什么是非歧视性评估?

学生必须接受全面评估,才有资格接受特殊教育及相关服务。评估将确定学生的具体需求,并明确这些需求是否需要特殊教育服务。这个过程看似漫长,但却能确保只有那些真正需要帮助的学生才能获得服务。评估过程还能确保没有残疾的学生不会因为在教室里表现不好而被安排接受特殊教育。该系统有多重制衡机制,以确认评估是非歧视性的。非歧视性是指评估过程不偏袒或反对任何学生个人或群体。

过去,学区依赖的评估带有种族或文化偏见。尤其是智商(IQ)评估,其标准化的学生群体在人口统计学上并不能代表所有学生。

在大多数情况下，评估是以中上层白人男性学生的分数为标准的。具有不同经历背景的学生可能不太熟悉评估问题，例如，来自低收入家庭的拉丁裔女孩，这在标准化测试中是无法体现的。这位女孩可能在智商评估中得分较低，这不是因为她的智力低下，而仅仅是因为测试是为其他类型的学生设计和标准化的。

由于少数族裔学生或来自经济弱势背景的学生人数过多，所以歧视性评估成为特殊教育中一个特别令人担忧的问题（Yell，2019）。智商评估往往是作出特殊教育安置决定的唯一依据。多年来，《残疾人教育法》、判例法和监管法为纠正代表性过高问题提供了指导。2004年，《残疾人教育法》被修订，以加强非歧视性评估的规则和程序。图5.2介绍了非歧视性评估的三个关键组成部分。

59

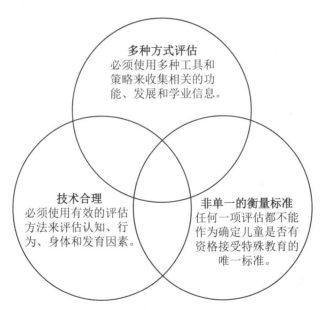

图5.2 非歧视性评估的三个关键组成部分的维恩（Venn）图（IDEA，2004）

非歧视性评估与免费适当的公立教育有何关系？

所有学区都有义务寻找并确定符合条件的残疾学生，这些学生需要特殊教育及相关服务。这一义务通常被称为"寻找儿童"的义务。

60   "寻找儿童"是特殊教育的一个重要法律组成部分，也是确保学生接受免费适当的公立教育的第一步。为了让学生接受免费适当的公立教育，他们必须被确定为需要特殊教育服务。根据《残疾人教育法》的 B 部分（针对 3 岁至 21 岁的儿童）和 C 部分（针对从出生到 2 岁的儿童）规定，各州必须积极主动地寻找和确定残疾儿童。州政府和学校工作人员不能坐等残疾学生被转介接受评估。"寻找儿童"的项目可能包括多种识别残疾儿童的策略，例如在儿科医生办公室进行筛查、展开公共宣传计划、发布电视和广播广告，以及与其他当地服务提供者展开协调活动等（Zirkel, 2015）。一旦通过"寻找儿童"项目发现儿童可能存在残疾，他们并不会自动获得特殊教育服务的资格。通过"寻找儿童"程序找到的儿童必须在合理的时间内进入非歧视性评估程序（Zirkel, 2015）。

如前几章所述，免费适当的公立教育包括两类要求：程序性和实质性要求。非歧视性评估也与这两种类型的要求有关。首先，我们将讨论与免费适当的公立教育相关的非歧视性评估的程序性要求。

非歧视性评估的程序性要求。2004 年《残疾人教育法》设定了允许学区人员、家长或其他州立机构提出初步评估请求的条款。一旦学校收到评估请求，必须开会讨论是否有必要进行评估。如果有必要进行评估，学校必须在向残疾儿童提供特殊教育及相关服务之前进行全面的个性化评估（IDEA，2004）。

　　法规对评估的过程和方式有非常具体的规定。我们将首先讨论广泛的评估程序，然后讨论与有学习障碍的学生有关的细节，因为对这一残疾类别有特殊规定。

　　首先，学区必须在评估开始前（以书面形式）通知学生家长并征得其同意。正如我们将在第六章中介绍，并在第八章中进一步探讨的那样，家长是学生个性化教育计划小组的重要成员，必须参与决策过程。在家长同意进行初步评估后，必须遵守非歧视性评估的三个组成部分（图 5.2）。除了非歧视性内容外，程序性要求还包括以下内容：

- 评估由训练有素、知识渊博的人员实施。
- 评估按照评估制作者提供的说明进行。
- 评估的选择和实施应最大程度确保，如果对感官、动手或说话能力受损的儿童进行评估，评估结果能够准确地反映儿童的能力或成绩水平，或该测验意图测量的任何其他因素，而不是反映出该儿童的感官、动手或说话能力受损（除非这些能力是该测验意图测量的因素）。
- 对儿童进行与疑似残疾相关的所有方面的评估，包括（如适当）健康、视力、听力、社交和情感状况、一般智力、学业成绩、交际状况和运动能力。
- 评估以儿童的母语或其他交流方式进行，并以最有可能获得有关儿童在学业、发展和功能方面的知识和能力的准确信息的形式进行。
- 对于在同一学年内从一个公立机构转到另一公立机构的残疾儿童，在必要时会与这些儿童之前和之后所在的学校进行协调，并尽快确保迅速完成全面评估。

《残疾人教育法》于 2004 年重新授权，改变了认定学生所属学习障碍类别的方式。此前，学校使用差异模式，通过比较学生的智力和学业成绩来确定学生是否有特殊的学习障碍（Murawski & Scott，2017）。

如果学生的智商表明其智力处于平均水平，但其学业成绩却明显低于同龄人，则说明学生存在差异，该学生可能有资格接受特殊教育服务。自 1977 年差异模式被编入法律（U.S. Office of Education, 1977）以来，出现了许多对该模式的批评。最常见的批评是，这种基于缺陷的识别模型导致在残疾识别以及随后的特殊教育服务提供上采取"等待失败"的应对方式（Kavale & Flanagan，2007）。学生的智商和成绩之间的差异只有在相当长的时间过去之后才能被发现。因此，学生需要在学业上奋斗足够长的时间，直到他们的智商和学习能力之间出现明显的差距。这往往意味着学生要在学业上挣扎多年，直到他们符合接受特殊教育服务的条件。

2004 年，《残疾人教育法》修订了以下标准，以确定儿童是否有特殊学习障碍：

● 各州不得要求以智力和成绩之间存在严重差异作为判定儿童是否有特殊学习障碍的标准。

● 各州必须允许使用基于儿童对科学的、基于研究的干预措施的反应的程序。

● 各州可允许使用其他基于研究的替代程序来确定儿童是否有特定学习障碍。

干预反应（response to intervention）成为鉴定特殊学习障碍的新模式。

干预反应是一种为所有面临学业失败风险的学生提供早期干预的手段（Fuchs & Fuchs，2006）。它不是等学生失败，而是系统地提高学业支持水平，然后监测学生是否对支持作出积极反应。图 5.3 直观地显示了干预反应模式中提供的各级支持。对第一级学业支持无积极反应的学生将被转入第二级。经过合理的时间和详细的进度监测后，如果学生对有针对性的支持没有积极反应，他们将进入第三级。

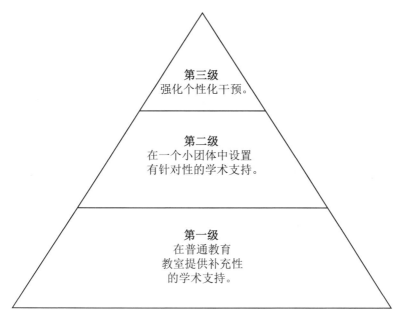

图 5.3　干预反应模型中的支持层级

　　在第三级中，学生将接受特殊教育评估。根据 2004 年《残疾人教育法》，当出现以下情况时，即可诊断为存在特殊学习障碍：

- 在采用基于儿童对科学的、基于研究的干预措施的反应的程序时，学生没有取得足够的进步以达到年龄或州批准的年级标准；或

- 相对于年龄或智力发育而言，该学生在表现、成绩或这两方面都表现出一定的优势和劣势，而该优势和劣势经该小组适当的评估确定与特殊学习障碍的鉴定有关，且主要不是由于以下原因造成的：

○ 视力、听力或运动残疾，

○ 智力障碍，

○ 情绪障碍，

○ 文化因素，

○ 环境或经济劣势，

○ 英语水平有限。

正如所看到的，对特殊学习障碍的判定也是为了排除造成学习成绩差的其他原因。此外，为了确保被怀疑有特殊学习障碍的学生成绩不佳不是因为缺乏适当的阅读或数学教学，评估必须证明，在评估之前，该学生已在普通教育环境中接受了由合格人员提供的适当教学。

我们应该提及的最后一项程序性要求是，所有符合条件的学生必须至少每三年接受一次重新评估。三年一次的评估是为了确定学生是否仍然需要特殊教育。具体来说，三年一次的评估要回答以下问题：

● 学生是否有残疾？

● 学生是否有与其残疾相关的教育需求？

三年期评估的功能与初次评估类似，都是为了确定学生是否符合接受特殊教育的资格。法律要求至少每三年对有资格接受特殊教育的学生进行一次重新评估，但如果家长或学生的教师提出要求，则可以更频繁地对学生进行重新评估。有些州在其特殊教育立法中要求某些残疾类别的学生每两年接受一次评估（如宾夕法尼亚州的智力障碍学生）。尽管各州要求在联邦立法之上制定法律规定，但各州的要求不能低于联邦要求。与评估和免费适当的公立教育相关的程序性要求十分简单明了。然而，非歧视性评估的另一个重要部分是实质性要求。评估是否做了必要的准备以清楚地了解学生的需要，从而先确定学生是否有资格，再确定适合该学生的计划和安置？

非歧视性评估的实质性要求。除了确定资格外，评估还必须用于确定学生的教育需求。在制定学生的个性化教育计划和确定学生的免费适当的公立教育是否合适的过程中，初次评估是最重要的部分之一。学生初次评估的信息是学生特殊教育计划的基础。它是资格认定的基础，针对学生的任何目标和所需的适应措施，并有助于确定学生所需服务的质或量。正如塞尔维娅等人（Salvia et al., 2017）所描述的，评估（即评价）是为了对学生作出决策而收集信息的过程。在前面的章节中，我们详细介绍了"适当"一词的主观性。在 2017 年恩德鲁·F. 案中，最高法院的裁决有助于明晰"适当"的定义，该判决指出，为了"履行《残疾人教育法》规定的实质性义务，学校必须提供经合理计算的个性化教育计划，以使儿童能够根据自身情况取得适当的进步"。在第六章中，我们将讨论制定经"合理计算"的个性化教育计划的过程，该过程以准确陈述学生目前学业成绩和功能表现水平（present levels of academic achievement and functional performance）为起点。最初的非歧视性评估是由个性化教育计划小组来确定学生的目前学业成绩和功能表现水平的。

64

哪些法规和判例规定了非歧视性评估？

自 1975 年首次通过以来，《残疾人教育法》的法律修正案已经改变了评估过程。如前所述，2004 年，针对有特殊学习障碍的学生的差异评估模式被干预反应模式所取代。然而，除了《残疾人教育法》的法定变更外，其他重要的法规和判例也对非歧视性评估进行了定义。

1979 年拉里·P. 诉赖尔斯案（Larry P. v. Riles，以下简称"拉里·P. 案"）。第一个影响评估的重要判例是由加利福尼亚州的一个联邦地区法院审理的。在拉里·P. 案中，五名被安置在"可教育智力迟缓"（即智力障碍）特殊教育班的非裔美国儿童向北加利福尼亚州联邦地区法院提起诉讼，声称他们被错误地安置在特殊教育班，其依据是他们在智力测试中的表现，而智力测试带有种族偏见和歧视性。诉讼还声称，与其他学生相比，黑人学生被安排在智力障碍班的比例过高。联邦法院裁决原告胜诉，并禁止使用智商测试来确定或安排黑人学生进入智力障碍班。1984 年，该裁决被上诉到第九巡回上诉法院，并得到维持。巡回上诉法院扩大了裁决范围，要求禁止对所有被转入特殊教育的非裔美国学生使用智商测试。

1994 年克劳福德诉霍尼格案（Crawford v. Honig）。1994 年克劳福德诉霍尼格案向第九巡回上诉法院提起诉讼，以挑战拉里·P. 案的裁决。一群非裔美国学生要求允许进行智商测试，以确定黑人学生是否有资格在学习障碍类别下接受特殊教育服务（Powers et al.，2004）。当时采用差异模式来确定学生是否有学习障碍。要确定智商与学习成绩之间的差异，就必须使用智商测试。拉里·P. 案的裁决禁止进行智商测试，这阻碍了对有学习障碍的非裔美国学生的正确识别。在克劳福德诉霍尼格案中，法院同意原告的观点，撤销了拉里·P. 案中使用智商测试用于识别有学习障碍的非裔美国学生的禁令。然而，智商测试的禁令仍然适用于识别有智力障碍的非裔美国学生。

1989 年蒂莫西·W. 诉罗彻斯特新罕布什尔学区案（Timothy W. v. Rochester, N. H. School District，以下简称"蒂莫西·W. 案"）。蒂莫西因早产有多种严重的发育障碍。当蒂莫西达到入学年龄时，学校对他进行了初次评估。虽然学校根据《残疾人教育法》认定蒂莫西有多重残疾，但学校认为他"无法从教育中受益"（Brady et al.，

2020）。蒂莫西·W. 案的主要法律问题涉及学校是否可以残疾儿童"无法接受教育"为由而拒绝其接受教育。第一巡回上诉法院裁决蒂莫西胜诉，并确认《残疾人教育法》的"零拒绝"（zero reject）原则。零拒绝原则指的是，无论残疾程度如何，都不能拒绝为任何儿童提供特殊教育服务。

蒂莫西·W. 案的裁决还从更广泛的意义上规定了教育，包括非学术性和功能性技能，以教育儿童掌握基本生活技能（Brady et al., 2020）。

65

如何确保评估的非歧视性？

我们推荐以下步骤作为适当和非歧视性评估的指导。

1. 利用各种来源的信息，包括能力和成绩测试、教师推荐、身体状况、社会或文化背景以及适应性行为。换句话说，没有单一的评估可以决定安置。团队需要使用多个数据点来作出任何资格认定。

2. 确保所有的评估数据都被记录在案并认真考虑。所有提交的信息都必须加以考虑。评估小组还应该记录他们对信息的评价，并能够注意到他们考虑了每一个方面。

3. 确保决定是由一个团队作出的，其中包括一名了解学生情况、评估数据含义和安置方案的人员。通常情况下，评估小组会有一名学校心理学专家来进行大部分的评估，但这也意味着决策是建立在每个小组成员都有机会参与并分享其观点的基础上的。确保家长是团队的一部分，并充分考虑他们对学生需求的陈述。

4. 确保安置决策符合最少限制环境要求。在根据《残疾人教育法》确定学生符合条件后，努力确保为学生提供的所有课程都允许他们尽可能多地参与到普通教育课堂，包括与非残疾同龄人一起参加所有学校相关活动，如交通、午餐、特别活动和课外活动。

5. 确保指定一名人员来解答家长对这个过程的任何疑问，如果提供了额外信息，或者学生的初次个性化教育计划或安置存在问题，则团队应开会讨论。

非歧视性评估是学生获得免费适当的公立教育的基础。只有在进行了相关且有意义的评估后，才能根据学生的情况合理制定个性化教育计划。正如贝特曼（Bateman，2017）所写："个性化教育计划必须坚实而直接地建立在当前、准确的评估基础上，这些评估涉及学生在学术和功能领域的表现水平。"非歧视性评估是《残疾人教育法》的第二大支柱，因为它是识别和发展残疾学生特殊教育服务的关键组成部分。

哪里可以找到更多关于非歧视性评估的信息？

家长信息与资源中心（Center for Parent Information & Resources, www.parentcenterhub.org）。为服务于残疾儿童家庭的家长中心网络创建的信息和产品中心"枢纽"。该网站提供了学龄儿童残疾评估的信息概览：https://www.parentcenterhub.org/evaluation/。

《残疾人教育法》基础：资格与诊断（IDEA Basics：Eligibility and Diagnosis）。在此视频中，特殊教育倡导者和特殊教育律师讨论了残疾的医学诊断与根据《残疾人教育法》获得特殊教育资格之间的重要区别。这段短视频（4分25秒）面向残疾儿童的家长，旨在帮助他们理解特殊教育中常用的术语：https://www.youtube.com/watch?v=1A4WxH_wu-0。

理解（Understood，www.understood.org）。一个非营利组织，致

力于为数百万学习和思维方式不同的孩子的家庭提供服务。"理解"致力于发展和塑造一个所有学习和思维方式不同的人在家中、学校和工作中都能得到支持的世界；一个让各类残疾人士都有机会从事有意义的职业的世界；一个有更多社区接纳差异的世界。这个页面概述了在评估过程中残疾儿童家长所享有的权利：https://www.understood.org/en/school-learning/your-childs-rights/evaluation-rights/evaluation-rights-what-you-need-to-know。

关键术语

适当的教学：以科学和证据为基础的教学。

"寻找儿童"计划：《残疾人教育法》规定的一项计划，要求各州持续寻找和评估可能有残疾的儿童。

差异模式：通过比较智商和学业成绩来确定学习障碍。

非歧视性：不偏袒或反对任何学生个体或群体。

比例过高：某一群体在某一类别中的比例超过了对该群体的预期。

进度监测：定期收集数据以监测学生在实现目标方面的进展。

干预反应：通过测量学生对更高水平的学术支持的反应来确定学习障碍。

67

标准化：以校准的方式，以便比较一个人与一组人的相对成绩。

零拒绝：《残疾人教育法》中"寻找儿童"条款的一个组成部分，确保无论残疾程度如何，任何儿童都不能被剥夺接受免费适当的公立教育的权利。

讨论问题

1. 讨论差异模型和干预反应模型在确定是否符合《残疾人教育法》下学习障碍资格中的优点和缺点。

2. 加利福尼亚州是否应继续禁止使用智商测试来确定黑人学生是否有资格接受《残疾人教育法》智力障碍类别下的特殊教育?

3. 在你所在的州和地方学区中,有哪些"寻找儿童"计划?

4. 为什么非歧视性评估的程序性和实质性要求如此重要?

参考文献

Bateman, B. D. (2017). Individualized education programs for children with disabilities. In J. M. Kauffman & D. P. Hallahan (Eds.), The handbook of special education (2nd ed., pp. 91—112). Routledge.

Brady, K. P., Russo, C. J., Dieterich, C. A., & Osborne Jr, A. G. (2019). Legal issues in special education: Principles, policies, and practices. Routledge.

Crawford v. Honig, 37 F. 3d 485 (9th Cir. 1994).

Fuchs, D., & Fuchs, L. S. (2006). Introduction to response to intervention: What, why, and how valid is it? Reading Research Quarterly, 41 (1), 93—99.

Individuals with Disabilities Education Act of 2004, 20 U.S.C. § 1400.

Kavale, K. A., & Flanagan, D. P. (2007). Ability—achievement discrepancy, response to intervention, and assessment of cognitive abilities/processes in specific learning disability identification: Toward a contemporary operational definition. In Hand-book of response to intervention (pp. 130—147). Springer.

Larry P. v. Riles, 495 F. Supp. 926 (N.D. Cal. 1979).

Murawski, W. W. & Scott, K. L. (2017). What really works with exceptional learners. Corwin Publishing.

Powers, K. M., Hagans-Murillo, K. S., & Restori, A. F. (2004). Twenty-five years after Larry P: The California response to overrepresentation of African Americans in special education. The California School Psychologist, 9 (1), 145—158. https://doi.org/10.1007/BF03340915.

Salvia, J., Ysseldyke, J. E., & Witmer, S. (2017). Assessment in special and inclusive education (13th ed.). Cengage.

Timothy W. v. Rochester, N. H. School District, 875 F. 2d 954 (1st Cir. 1989).

U.S. Office of Education (1977). Assistance to states for education of handicapped　　68 children: Procedures for evaluating specific learning disabilities. Federal Register, 42 (250), 65082—65085. Washington, DC: U.S. Government Printing Office.

Yell, M. L. (2019). The law and special education (5th ed.). Pearson Education.

Zirkel, P. A. (2015). Special education law: Illustrative basics and nuances of key IDEA components. Teacher Education and Special Education, 38 (4), 263—275.

第六章
个性化教育计划

　　个性化教育计划讲述了孩子的教育历程，是为提供特殊教育服务和支持而制定的路线图。

　　　　　　——安吉拉·L. 巴尔斯利（Angela L. Balsley），教育学博士
　　　　　　印第安纳特殊教育管理协会会长

　　特殊教育是为了满足残疾学生的特殊需求而专门设计的教学（IDEA，2004）。它基于一个信念，即所有学生都应该有接受教育的权利和义务，以提高他们的生活质量。近半个世纪以来，特殊教育一直是教育体系的一部分（自1975年《全体残障儿童教育法》颁布以来），社会普遍支持残疾人的权利和融入。认同一个哲学观念简单，但要将这个观念应用于全国数以百万计的学校和课堂里的残疾学生则是十分艰巨的任务。因此，国会制定了个性化教育计划作为实施特殊教育的手段。学生的个性化教育计划是他们特殊教育成功的基石。正如我们将要了解的，个性化教育计划不仅仅是一份文件，它是特殊教育的过程和产物，是实现所有儿童都应享有免费适

当的公立教育这一信念的指导和具象化。在本章中，我们将讨论特殊教育的第三个支柱——个性化教育计划（图6.1），并回答如下基本问题：

1. 什么是个性化教育计划？
2. 个性化教育计划与免费适当的公立教育有何关系？
3. 哪些法规和判例规定了个性化教育计划？
4. 如何制定一个符合法律规定的个性化教育计划？
5. 哪里可以找到更多关于个性化教育计划的信息？

70

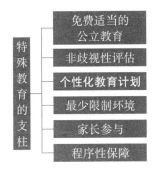

图6.1 个性化教育计划是特殊教育的第三大支柱

什么是个性化教育计划？

个性化教育计划既是一个过程，也是一个产物，2004年《残疾人教育法》对此进行了概述。在制定个性化教育计划的过程中，有程序性要求作为指导，也有实质性要求规定个性化教育计划的内容。学校工作人员必须遵守程序性和实质性要求，否则可能会导致个性化教育计划不适当，从而违反为学生提供免费适当的公立教育的义务。

程序性要求。个性化教育计划是在学校工作人员和家长合作制定特殊教育及相关服务计划的规划过程中制定的。然而，在制定个性化教育计划之前，如果认为学生有残疾，且这会对其教育造成负面影响，则必须采取一些基本步骤。图 6.2 概述了从特殊教育转介到制定个性化教育计划的五个步骤。

71

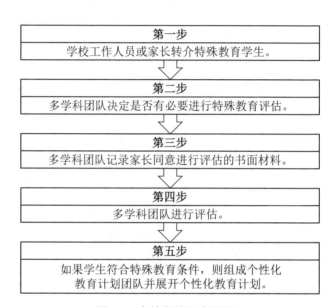

图 6.2　个性化教育计划流程

　　首先，被认为有残疾的学生被转介到一个多学科团队（multi-disciplinary team）。

　　多学科团队由学校心理学专家、学校辅导员、学校护士、特殊教育工作者等学校工作人员组成，并根据需要配备其他人员。通常，普通教育老师会将学生转介给特殊教育服务，因为他们与学生的学业进步最密切，并且会记录学生的学业进步情况。但有时，怀疑孩子有残疾的家长也会为孩子申请特殊教育服务。在考虑特殊教育转介并初步检测学生数据后，个性化教育计划会决定是否需要进行特殊教育评估。如果个性化教育计划认为需要进行评估以确定学生是否有资格接受特殊教育服务，则团队必须记录家长同意进行评估的书面材料。如果学生的父母同意让他们的孩子接受特殊教育服务评估，则个性化教育计划会进行评估（第五章讨论了非歧视性评估的要点）。

如果非歧视性评估的结果确定学生不符合接受特殊教育服务的条件，该过程将停止。不会制定个性化教育计划，学生将继续在当前的环境中接受特殊教育和相关服务。然而，学校应该考虑为什么学生被转介接受特殊教育，以及是否可以采用任何教学策略和支持来解决最初的担忧。如果非歧视性评估的结果确定学生有资格接受特殊教育服务，那么将组建一个个性化教育计划团队。

2004 年《残疾人教育法》规定了个性化教育计划小组中必须有 72的成员，以及允许但非必要的成员。个性化教育计划小组的必要成员包括：(a) 学生家长或法定监护人，(b) 至少一名特殊教育教师，(c) 至少一名普通教育教师，(d) 一名有资格提供或监督特殊教育计划的当地教育机构代表（通常是学校校长），以及（e）儿童，在适当情况下（过渡性个性化教育计划需要）。允许但非必要的个性化教育计划小组成员是根据学生的个人需求为小组提供额外专业知识的人员，如辅助技术专家，或为学生提供相关服务的人员，如学生的治疗师。

个性化教育计划小组组建之后，下一步是制定个性化教育计划。学生家长或法定监护人全面参与个性化教育计划制定过程至关重要。《残疾人教育法》特别列出了确保家长参与的要求（Yell et al., 2013）。这些要求包括给予家长充分的个性化教育计划会议通知（提前十天），并在双方同意的时间和地点召开会议（Yell, 2019）。如果学校工作人员没有做出足够的努力来通知家长或在可接受的时间和地点安排个性化教育计划会议，则可能被认定为拒绝提供免费适当的公立教育（Bateman, 2017）。事实上，家长参与非常重要，这一概念是特殊教育的六大支柱之一。第八章将介绍家长参与的要点。

实质性要求。制定个性化教育计划要求个性化教育计划小组至少处理八个主要组成部分（见表 6.1）。这八个组成部分共同构成了学生个性化教育计划的成果（即书面文件）。在制定和实施个性化教育计划的实质内容时，严格遵守程序要求同样重要。

表 6.1　个性化教育计划的主要组成部分

1. 学生目前学业和功能表现水平的声明。
2. 学生可衡量的年度目标和短期计划的陈述。
3. 如何衡量学生在这些目标方面所取得的进展，以及何时向学生家长报告进展情况的说明。
4. 将为学生提供的特殊教育、相关服务以及辅助器具和服务的说明。
5. 学生在何种程度上不能参加普通教育课堂的审核和说明。
6. 学生参加全州学术评估所需便利的说明；或如何选择替代评估的说明。
7. 根据适合年龄的过渡服务制定的可衡量的中学后目标说明（对 16 岁及以上年龄的学生必须包括此项；各州法律可能要求为 14 岁或 15 岁及以上年龄的学生制定过渡目标）。
8. 开始特殊教育服务的预计日期和个性化教育计划的预计持续时间。

73　　　　首先，必须对学生目前学业成绩和功能表现水平进行评估，并在个性化教育计划中加以说明。对学生表现的描述应提供当前情况的基线，或清晰情况，包括任何影响学生教育的学业或功能需求（Harmon et al., 2020）。

对学生目前学业成绩和功能表现水平的准确而全面的评估使个性化教育计划小组能够制定目标和计划。

个性化教育计划的第二个组成部分是确定可衡量的年度目标和短期计划。换句话说，个性化教育计划小组希望学生在一年内在学业和功能上达到什么水平？

年度目标确立了最终目标，而短期计划则使个性化教育计划小组能够记录学生在此过程中取得的进展。大量研究探讨了个性化教育计划目标和计划的质量，普遍认为具体、可衡量、可实现、相关和有时限（specific, measurable, attainable, relevant, and time-bound, SMART) 的目标最为有效 (Goran et al., 2020; Hedin & DeSpain, 2018)。在本章末尾，即 "哪里可以找到更多关于个性化教育计划的信息？" 部分中，我们提供了一个在线模块的链接，该模块全面讨论了 SMART 个性化教育计划目标的撰写过程。

在制定了 SMART 个性化教育计划目标后，个性化教育计划小组必须确定如何衡量学生在实现这些目标方面所取得的进展，以及何时向学生家长报告进展情况。定期的进度监测至关重要，因为它 (a) 让家长作为合作者参与到孩子的教育中来；(b) 让个性化教育计划小组能够收集、分析和报告数据，以确定特殊教育支持和相关服务是否达到预期效果。

如果学生在实现其年度目标和短期计划方面取得了足够的进展，那就太棒了！个性化教育计划小组可以按计划继续工作。但是，如果学生没有按照短期计划取得足够的进步，那么个性化教育计划小组就应该开会讨论必要的支持和服务变化，以提供更大的教育效益。系统性的进展监测是一项基本的实质性要求，它表明以数据为基础、以数据为驱动的个性化教育计划是经过合理计算的，能够使学生取得与自身情况相适应的进展。

提出目标后，个性化教育计划小组必须确定将为学生提供的特殊教育服务、相关服务以及辅助器具和服务。学生目前学业成绩和功能表现水平中确定的每项需求都必须通过这些服务中的一项来解决。个性化教育计划这一部分所确定的服务，无论是单独提供还是综合提供，都是学校为使学生能够根据自身情况取得进步而采取的行动。

特殊教育。需要特殊教育服务的学生应接受专门设计的教学 (specially designed instruction)。专门设计的教学被定义为：

根据符合条件的儿童的需要，对教学内容、方法或授课方式进行适当调整，以满足儿童因残疾而产生的独特需要，并确保儿

74

87

童有机会学习普通课程,从而使儿童在公共机构的管辖范围内达到适用于所有儿童的教育标准。(34 C. F. R. §300.39[b][3])

相关服务。相关服务可使学生从特殊教育中受益。联邦《残疾人教育法》法规(2012 年)将相关服务定义为:

> 支持性服务……[包括]语言病理学和听力服务、口译服务、心理服务、物理和职业治疗、娱乐(包括治疗性娱乐)、儿童残疾的早期识别和评估、咨询服务(包括康复咨询)、定向和移动服务,以及以诊断或评估为目的的医疗服务。相关服务还包括学校保健服务和校医服务、学校社会工作服务以及家长咨询和培训。(34 C. F. R. §300.34[a])

辅助器具和服务。辅助器具和服务是"在普通课堂、其他教育相关环境以及课外和非学术环境中提供的器具、服务和其他支持,以使残疾学生能够与非残疾学生一起接受最大程度的教育"(34 C. F. R. §300.42)。辅助器具和服务的例子可能包括,为学生安排特殊座位、使用专业的学生辅导员,或与学生家长一起在家帮助孩子。

在起草了学生的目标并确定了实现这些目标的服务后,个性化教育计划小组必须确定学生接受这些服务的最少限制环境。在此过程中,个性化教育计划小组将决定学生在多大程度上不能参与普通教育课堂(了解最少限制环境的基本要素请参见第七章)。学生的最少限制环境只能根据个人情况确定,因为每个学生目前学业成绩和功能表现水平、目标和服务都是独一无二的。请记住,学生的最少限制环境安置并不是一个物理位置,而是替代性安置选项连续体中的一个点,在此,学生将接受特殊教育及相关服务(Federal Register, 2006)。然而,考虑到替代性安置选择的连续性,2004 年《残疾人教育法》中的最少限制环境规定要求残疾儿童在最大程度上与非残疾儿童一起接受教育。

个性化教育计划的第六个实质性组成部分是关于学生参加全州范围的学业评估所需便利措施的声明，或关于如何选择替代性评估的声明。2001 年《不让一个孩子掉队法》（现在为 2015 年《每个学生都成功法》）的一个结果是，残疾学生也被纳入学校问责评估。各州提供了一系列便利措施，以帮助接受州学业评估的残疾学生（如延长时间、在单独的地点进行测试）。然而，对于残疾较为严重的学生，各州必须提供基于修改后或替代性学术标准的替代性评估。

如果学生年龄足够大（16 岁及以上），他们的个性化教育计划 75 必须包括基于适合其年龄的过渡服务制定的可衡量的中学后目标声明（有些州的法律要求年仅 13 岁的学生也要有过渡目标）。中学后目标和过渡服务旨在帮助学生及其家庭为课余生活做好准备。在学生年满《残疾人教育法》规定年龄前几年纳入过渡服务的目的是：(a) 为个性化教育计划过程创造一个更长远的前景；(b) 帮助每个学生从学校环境有意义地过渡到出学校后的环境，这可能包括高等教育、就业或独立生活；以及 (c) 帮助学生更好地发挥他们作为成年人的潜能（Prince et al., 2014）。

最后，个性化教育计划必须包括开始特殊教育服务的预计日期和个性化教育计划的预计持续时间。个性化教育计划必须在撰写后尽快实施。就持续时间而言，个性化教育计划必须至少每年审查一次（Office of Special Education Programs, 2000）。

个性化教育计划与免费适当的公立教育有何关系?

当国会通过 1975 年《全体残障儿童教育法》后，所有符合法律规定的残疾学生都应接受特殊教育及相关服务项目，从而获得免费适当的公立教育。尽管免费适当的公立教育仍是法律的核心内容（参见第四章关于免费适当的公立教育的要点），但个性化教育计划是制定和提供给学生免费适当的公立教育的手段（Bateman，2017）。学生的免费适当的公立教育是在其个性化教育计划中实现的，因为学生特殊教育的所有方面都是在整个个性化教育计划过程中进行引导和监控的（Smith，1990）。《残疾人教育法》的程序性和实质性要求确定了学生免费适当的公立教育的适当性，这两项要求在个性化教育计划的程序性和实质性要求中也都有所体现。

1975 年《全体残障儿童教育法》的国会制定者以及后续的法院裁决从未试图定义学生为获得免费适当的公立教育而必须达到的学业或功能进步水平。最高法院在 1982 年罗利案中规定，并在 2017 年恩德鲁·F. 案中重申，没有适用于所有学生的进步标准。2004 年《残疾人教育法》的本质是提供个性化教学和相关服务，以满足每个学生基于其目前学业成绩和功能表现水平的独特需求。事实上，最高法院指出，为了满足免费适当的公立教育的实质性要求，学生的个性化教育计划必须经过合理的计算，使他们能够根据自身情况取得适当的进步（Endrew，2017）。个性化教育计划是"判断儿童教育计划适当性——其制定、实施和有效性——的主要证据"（Bateman，2017，第 87 页）。

哪些法规和判例规定了个性化教育计划？

76

如第四章所述，1982 年罗利案和 2017 年恩德鲁·F. 案是定义免费适当的公立教育的开创性案例。由于学生的免费适当的公立教育是在其个性化教育计划的程序性和实质性要求中实现的，因此由两部分组成的罗利／恩德鲁测试有助于定义个性化教育计划。由两部分组成的测试如下：

1. 学区是否遵守了《残疾人教育法》的程序？

2. 根据学生的情况，个性化教育计划是否能合理地使学生取得适当的进步？

判例法表明，个性化教育计划过程中的程序性违规可能会导致个性化教育计划无效。根据叶尔（Yell，2019）的说法，法院若要判定个性化教育计划无效，程序性违规行为必须是严重的，并且（a）损害了学生接受适当教育的权利，（b）导致家长被排除在个性化教育计划流程之外，或（c）导致学生被剥夺了受教育的权利。最常见的程序违规涉及家长参与（Zirkel & Hetrick，2017）。在 2001 年阿曼达·J. 诉克拉克县学区案（Amanda J. v. Clark County School District）中，美国第九巡回上诉法院强调了家长参与的重要性：

> 最重要的程序性保障措施之一是保护家长参与制定其子女教育计划的权利。在制定个性化教育计划的过程中，家长不仅代表其子女的最大利益，而且还提供子女的有关信息，这些信息对制定全面的个性化教育计划至关重要，而且只有他们才能了解。（第 878 页）

罗利／安德鲁测试的第二部分涉及个性化教育计划的实质性要求。法院评估个性化教育计划是否经过合理计算以使学生能够根据其情况取得适当进步的唯一方法是检查个性化教育计划的内容（如表 6.1 所列）。根据对该内容的检查，可以确定个性化教育计划是否经过合理计算，以及它是否可以根据学生的情况带来适当的进步。

个性化教育计划是一份法律文件。它是学区与残疾学生家长签署的合同。该书面合同详细说明了学区为特定学生提供特殊教育及相关服务的承诺，以确保学生获得免费适当的公立教育（Lake, 2007）。请记住，个性化教育计划是对资源和服务的承诺，而不是对学生成绩的保证。然而，作为一份法律合同，学校必须善意努力地执行书面的个性化教育计划。

"善意努力"的概念源于合同法，其定义为"在相同的事实或情境下，一个理性的人会认为是勤勉和诚实的努力"（AquaSource Inc. v. Wind Dance Farm, Inc., 2005, 第541段）。因此，学校必须善意地努力实施学生的个性化教育计划，并善意地努力协助学生实现个性化教育计划中概述的目标。

如何制定一个符合法律规定的个性化教育计划?

77

美国最高法院指示听证官和下级法院审查学校的个性化教育计划程序和成果，以确定是否发生了违反免费适当的公立教育的情况。法院采用罗利/恩德鲁两部分测试，首先审查个性化教育计划过程的程序方面。其次，法院要审查个性化教育计划文件本身，以确定个性化教育计划是否经过合理计算，使学生能够取得与学生情况相适应的进步。以下准则可帮助个性化教育计划小组满足《残疾人教育法》的要求，并制定出符合法律规定的个性化教育计划。

程序性准则。在制定个性化教育计划的程序上，有三个重要的准则需要考虑（见图6.3）。第一，个性化教育计划必须尽一切努力让家长参与个性化教育计划过程的各个方面——包括评估、制定、实施和审查。联邦《残疾人教育法》法规要求学校：(a) 就个性化教育计划会议提供充分的通知；（b）在双方同意的时间和地点安排个性化教育计划会议；（c）告知家长会议的目的、时间和地点，以及谁将出席会议；（d）告知家长他们有权带自己选择的其他人出席会议（34 C. F. R.§300.322）。尽管家长是个性化教育计划小组的重要成员，但这并不意味着他们可以主宰教育决定。作为小组成员，应要求他们献计献策，并讨论他们的想法。最终的教育决定必须来自个性化教育计划小组所有成员之间的相互同意和妥协。

第二项程序准则是确保个性化教育计划小组由法律规定的成员组成。莱克（Lake, 2002）认为，如果说个性化教育计划是《残疾人教育法》的基石，那么负责制定个性化教育计划的个性化教育计划小组成员就是该计划的瓦匠。如果个性化教育计划小组成员缺席，就会造成小组不健全，从而导致个性化教育计划也可能被证明是不健全的。2004 年《残疾人教育法》规定个性化教育计划小组至少包括：（a）学生家长或法定监护人，（b）一名特殊教育教师，（c）一名普通教育教师，（d）一名有资格提供或监督特殊教育计划的当地教育机构代表（通常是学校校长），以及（e）儿童，在适当情况下（过渡性个性化教育计划需要）

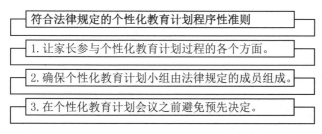

图6.3 符合法律规定的个性化教育计划程序性准则

第三，个性化教育计划小组必须避免在召开个性化教育计划会议之前预先作出决定。预先决定是指学校工作人员在实际召开个性化教育计划会议之前，就学生的特殊教育服务或安置作出最终决

78

定。如果出现预先决定的情况，家长或其他与会成员就无法对该决定提出任何有意义的意见。在 1992 年多伊尔诉阿灵顿案（Doyle v. Arlington）中，法官写道："学校官员必须以开放的心态参加个性化教育计划会议。但这并不意味着他们应该带着空空的头脑来参加个性化教育计划会议。"（第 2 页）在召开个性化教育计划会议之前，学校个性化教育计划小组成员可以开会讨论方案制定或安置决定；但是，在实际召开个性化教育计划会议时，他们必须做好准备，与其他个性化教育计划小组成员进行讨论和合作。只有在个性化教育计划会议结束时，才能对服务和安置作出最终决定。

实质性准则。我们现在提出四个实质性准则，以确保个性化教育计划符合法律规定（图 6.4）。首先，在进行了完整的、非歧视性的评估（在第五章中讨论）后，个性化教育计划小组必须制定准确而全面的目前学业成绩和功能表现水平说明。个性化教育计划中最重要的组成部分之一就是目前学业成绩和功能表现水平。为了强调目前学业成绩和功能表现水平说明的重要性，美国最高法院在 2017 年恩德鲁·F. 案中写道："关注特殊儿童是《残疾人教育法》的核心……只有在仔细考虑了儿童当前的学业水平、残疾情况和发展潜力之后，才能构建目前学业成绩和功能表现水平说明。"（第 12 页）全面而准确的目前学业成绩和功能表现水平说明确立了学业和功能

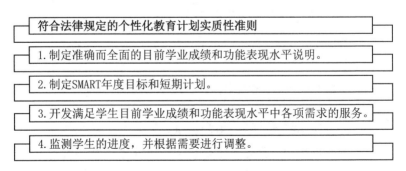

图 6.4　符合法律规定的个性化教育计划实质性准则

表现的基线水平。报告应总结学生目前水平的各个方面，并确定学生的优势和需求。哈蒙等人（Harmon et al., 2020）探讨了制定学生目前学业成绩和功能表现水平时应考虑的多种因素，如认知和执行功能、沟通、行为、社交技能、情感、运动技能、适应技能和过渡需求（如适用）。

个性化教育计划小组必须根据学生的目前学业成绩和功能表现水平制定 SMART 年度目标和短期计划。个性化目标要有足够的细节，要与目前的表现水平相一致，并认可较高的期望值，这是在法律上站得住脚的个性化教育计划的核心。显然，SMART 目标促进的不仅仅是最低限度的进步。这些目标还允许个性化教育计划小组根据数据作出决定，并证明个性化教育计划是根据学生的具体情况合理计算出的，能够带来适当的进步。

在起草了目标和计划之后，个性化教育计划小组必须确定和制定特殊教育及相关服务，以实现目标并满足学生目前学业成绩和功能表现水平中的各项需求。个性化教育计划小组不能根据服务的可获得性或成本来确定服务。服务必须以学生的学业和功能需求为基础。此外，支持和服务应侧重于参与普通教育课程。《残疾人教育法》法规（2012）规定，个性化教育计划必须包括：

> 基于尽可能可行的同行评审研究结果，为儿童本人或代表该儿童所提供的特殊教育及相关服务和辅助器具及服务的说明，以及为学校工作人员提供的计划调整或支持的说明，以使儿童——(i)能适当地朝着实现年度目标迈进；(ii)能参与普通教育课程并取得进步；……并参加课外活动和其他非学术活动；以及(iii)能与其他残疾儿童和非残疾儿童一起接受教育和参与活动。（34 C. F. R. §300.39）

只有在制定了个性化教育计划之后，才能决定学生的安置，避免预先决定。安置决定必须基于学生的个人需求，而不是资源的可用性，或"我们就是这样教育有学习障碍的学生的"这种心态。

个性化教育计划确定并实施后，学校必须监测学生的进步情况，并根据需要作出调整。根据德诺（Deno，1992）的观点，进度监测可以创建一个有关学生进度的数据库，使教师能够评估学生的成功，并在必要时改变教学计划。通过数据收集和评估，学校可以证明特殊教育服务水平的合理性，从而表明个性化教育计划是经过合理计算的，能够使学生取得与自身情况相适应的进步。同样，个性化教育计划并不是成功的保证；但是，学校必须善意地努力帮助学生取得超过最低限度的进步。基于数据和数据驱动的个性化教育计划将表明学生正在取得进步，或个性化教育计划小组正在收集和分析数据，以便根据需要调整特殊教育服务。

就程序性和实质性准则而言，个性化教育计划小组必须善意地制定、实施、监督和调整个性化教育计划。作为个性化教育计划小组的重要成员，家长的参与和合作对这些善意的努力至关重要。不可预见的情况确实会发生，学校工作人员也会犯错。然而，如果学校能够证明其已善意地努力遵循所有程序性和实质性要求，那么法院在拒绝免费适当的公立教育的案件中将会更加宽容。

回到我们开始的地方，个性化教育计划是《残疾人教育法》的重要支柱。它是特殊教育的基石，既体现在程序上，也体现在成果上。个性化教育计划是一种工具，它传递着这样一种信念，即所有学生都应该有机会接受教育并对教育负责，以提高他们的生活质量。

哪里可以找到更多关于个性化教育计划的信息？

家长资源和信息中心（The Center for Parent Resources and Information，www. parentcenterhub. org）。这是一个便于家长使用的资源，提供有关个性化教育计划的英文和西班牙文信息。查阅请访问：https://www.parentcenterhub.org/iep/。

IRIS 中心（iris. peabody. vanderbilt. edu）。这是由范德比尔特（Vanderbilt）大学创建的网站，提供有关制定 SMART 目标的模式以及有关个性化教育计划过程中常见的程序性和实质性错误的信息的简介。查阅请访问：https://iris.peabody.vanderbilt.edu/。

什么是个性化教育计划？（What is an IEP?）一个简短的视频，向家长解释什么是个性化教育计划，个性化教育计划包括什么，以及个性化教育计划小组的成员有哪些。查阅请访问：https://www.youtube.com/watch?v=tGYO9XWhI2Y。

美国教育部（U.S. Department of Education）。美国教育部关于个性化教育计划的指南。查阅请访问：https://www2. ed. gov/parents/needs/speced/iepguide/index.html。

关键术语

学业方面：与核心学科领域的学习有关，如阅读、写作和数学。

基线：有关学生当前学业水平的数据。

功能方面：与学生在日常生活活动方面的能力有关，例如，自理能力、日常生活能力以及与工作相关的行为。

善意地努力：真诚和诚实地努力。

多学科团队：由来自多个学科的人员（如特殊教育教师、普通教育教师、心理学家、校长）组成的团队，他们对学生进行特殊教育评估，并合作制定个性化教育计划。

进度监测：定期收集数据以监测学生在实现目标方面的进展。

专门设计的教学：调整教学内容、方法或授课方式，以满足学生的独特需求，并确保学生有机会学习普通教育课程。

讨论问题

1. 个性化教育计划是什么？ 它如何帮助学生?

2. 个性化教育计划需要具备哪些条件才能成为合法文件?

3. 在个性化教育计划过程中，如何运用基线评估和进度监测?

4. 有哪些特别设计的教学实例?

81　**参考文献**

Amanda J. v. Clark County School District, 207 F.3d 877（9th Cir. 2001）.

AquaSource, Inc. v. Wind Dance Farm, Inc., 833 N.E. 2d 535, 539（Ind. App. 2005）.

Bateman, B. D. (2017). Individual education programs for children with disabilities. In J. M. Kauffman & D. P. Hallahan. (Eds.), Handbook of special education（2nd ed.）. (pp. 91—106). Routledge.

Board of Education of the Hendrick Hudson School District v. Rowley, 485 U.S. 176（1982）.

Education of All Handicapped Children Act of 1975, 20 U.S.C. § 1401（1975）.

Endrew F. v. Douglas County School District, 137 S. Ct. 988（2017）.

Every Student Succeeds Act of 2015, Pub. L. No. 114—95, § 4104（2015）.

Federal Register. (2006, August 14). Vol. 71, No. 156.

Goran, L., Harkins Monaco, E. A., Yell, M. L., Shriner, J., & Bateman, D. (2020). Pursuing academic and functional advancement：Goals, services, and measuring progress. TEACHING Exceptional Children, 52（5）, 333—343. https://doi. org/10.1177/0040059920919924.

Harmon, S., Street, M., Bateman, D., & Yell, M. L. （2020）. Developing present levels of academic achievement and functional performance statements for IEPs. Teaching Exceptional Children, 52（5）, 320—332.

Hedin, L., & DeSpain, S. (2018). SMART or not? Writing specific, measurable IEP goals. Teaching Exceptional Children, 51（2）, 100—110.

IDEA regulations, 34 C. F. R. § 300（2012）.

Individuals with Disabilities Education Act of 2004, 20 U. S. C. § 1400（2004）.

Lake, S. E. (2002). The top 10 IEP errors: How to avoid them, how to fix them. LRP Publications.

Lake, S. E. （2007）. Slippery slope: The IEP missteps every team must know—and how to avoid them. LPR Publications.

No Child Left Behind Act of 2001, P. L. 107—110, 20 U. S. C. § 6319（2001）.

Office of Special Education Programs （2000）. A guide to the individualized education program. U.S. Department of Education. Retrieved from https://www2.ed.gov/parents/needs/speced/iepguide/index.html.

Prince, A. M. T., Plotner, A. J., & Yell, M. L. （2014）. Legal update on postsecondary transition. Journal of Disability Policy Studies, 25（1）, 41—47.

Smith, S. W. （1990）. Individualized education programs （IEPs） in special education—from intent to acquiescence. Exceptional Children, 57（1）, 6—14.

Yell, M. L. (2019). The law and special education (5th ed.). Pearson Education.

Yell, M. L., Katsiyannais, A., Ennis, R. P., & Losinski, M. (2013). Avoiding procedural errors in IEP development. Focus on Exceptional Children, 46（1）, 31—40.

Yell, M. L., Katsiyannis, A., Ennis, R. P., Losinski, M., & Bateman, D. (2020). Making legally sound placement decisions. Teaching Exceptional Children, 52（5）, 291—303. https://doi.org/10.1177/0040059920906537.

Zirkel, P. A., & Hetrick, A. （2017）. Which procedural parts of the IEP process are the most judicially vulnerable? Exceptional Children, 83（2）, 219—235. https://doi.org/10.1177/0014402916651849.

第七章
最少限制环境

当残疾学生被切实纳入对其独特需求限制最少的环境中时,他们就会受到更广泛的学校社区的接受,并有机会获得友谊、年级水平的学术内容,并以同伴为榜样。

——艾米丽·哈纳威（Emily Hanaway）

得克萨斯州特殊教育教师

当美国最高法院在 1954 年布朗诉教育委员会案中裁决公立学校的种族隔离违宪时,残疾人权益倡导者将法院的理由应用于残疾学生。在 20 世纪五六十年代,少数接受公立教育的残疾学生往往被安置在资源不足、人员配备不足、与非残疾儿童隔离的简陋设施中（Martin, 2013）。残疾人权益倡导者援引布朗诉教育委员会案中的"隔离永远不平等"理论,敦促国会采取措施,要求学区让残疾学生与非残疾学生一起接受教育（Yell & Christle, 2017）。在起草 1975 年《全体残障儿童教育法》时,佛蒙特州参议员罗伯特·斯塔福德（Robert Stafford）增加了一项修正案,以防止残疾学生受到教育隔离。该修正案被添加到最终的立法中，并被称为"最少限制环境"。
2004 年《残疾人教育法》保留了最少限制环境的规定，这是保护残障学生权利的一个基本概念。在本章中，我们将讨论特殊教育的第四个支柱——最少限制环境（图 7.1），并回答如下基本问题：

1. 什么是最少限制环境?

2. 最少限制环境与免费适当的公立教育有何关系?

3. 哪些法规和判例规定了最少限制环境?　　　　　84

4. 如何确保最少限制环境?

5. 哪里可以找到更多关于最少限制环境的信息?

图 7.1　最少限制环境是特殊教育的第四大支柱

什么是最少限制环境?

从根本上说，最少限制环境要求在适当的情况下，残疾学生应与非残疾学生一起接受教育。2004 年《残疾人教育法》明确规定：

> 在最大程度上，残疾儿童，包括在公立或私立机构或其他护理机构中的残疾儿童，应与非残疾儿童一起接受教育；只有当残

疾的性质或严重程度导致无法在班级中通过使用辅助器具和服务来实现教育时,才会通过开设特殊班级、进行单独教育或以其他方式将残疾儿童从普通教育环境中分离出来。

"限制性"是指学生与非残疾同学接近和交流的程度（Champagne,1993）。根据限制性的这一定义,普通教育环境是限制性最小的环境,因为它允许学生与非残疾同学最大程度地接近和交流。融合（inclusion）和主流化（mainstreaming）有时被用来替代最少限制环境；然而,它们与最少限制环境的含义并不相同。

"融合"和"主流化"（现已过时的术语）指的是一种普遍的理念,即残疾学生应在普通教育环境中度过大部分或全部时间。对于特定环境的益处,有不同的教育理念。对某些残疾学生来说,融合教育可能是最少限制环境,但对其他一些残疾学生来说,融合教育可能不是最少限制环境。重要的是要记住,学生的最少限制环境不仅与环境有关,还与特殊教育服务有关。学生最少限制环境的具体判定取决于教育项目和环境是否适当。与免费适当的公立教育这一支柱相似,我们再次遇到了"适当"这一主观性词语。通过回答下一个基本问题,我们将了解到,学生的最少限制环境是否适当与学生的免费适当的公立教育是否适当直接相关。

最少限制环境与免费适当的公立教育有何关系?

在试图澄清学校必须提供何种程度的教育效益才能满足学生免费适当的公立教育的适当性时,最高法院采取了中间立场。最低限度的较低标准以及一些地区法院制定的较高标准均被否决。正如我们在第四章中所讨论的,最高法院指出,"为了履行《残疾人教育法》规定的实质性义务，学校必须提供一个经过合理计算的个性化教育计划，以使儿童能够根据自身情况取得适当的进步"（Endrew F. v. Douglas County School District，2017）。因此，最高法院明确指出，适当的进步是高度个性化的，取决于学生的具体情况。因此，学生的最少限制环境也是高度个性化的，取决于他们的具体情况。

尽管最少限制环境规定学校应将学生安置在限制最少的环境中（即与非残疾同龄人一起），但这未必是学生接受免费适当的公立教育的最合适环境。因此，最少限制环境和免费适当的公立教育这两大特殊教育支柱相互关联，但有时又相互冲突。鉴于特殊教育关乎学生的教育进步，教育的适当性（即免费适当的公立教育）优先于环境的限制性（即最少限制环境）。

换句话说，学校必须努力让残疾学生在限制较少的环境中接受教育；但是，这种环境是否合适，只能根据学生的实际情况来决定，即学生是否能取得适当的教育进步。

认识到普通教育课堂不一定对所有残疾学生来说都是最合适的教育环境，2004 年《残疾人教育法》（见图 7.2）建立了连续安置。

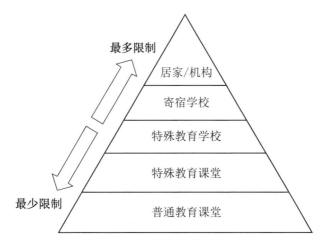

图 7.2　从最少限制到最多限制的连续安置

86 　　连续安置的目的是让学校在为学生确定最合适的最少限制环境时有选择余地。由于限制性是由与非残疾同龄人的接近和交流程度决定的，因此限制性最小的环境是普通教育课堂；然而，这并不总是最合适的环境。有些学生可能需要更加个性化的教学或经过修改的课程。这些学生可能会受益于在单独的教室里提供的教育服务。另外一些有严重残疾的学生可能最适合在单独的学校或医院接受教育，因为在那里可以满足他们密集的医疗需求。在限制最少的环境和限制最多的环境之间，有多种安置和服务选择。由于对什么是或不是学生的最少限制环境没有明确的定义，因此已经就最少限制环境和免费适当的公立教育之间的矛盾进行了多次正当程序听证。

哪些法规和判例规定了最少限制环境？

　　尽管 2004 年《残疾人教育法》明确指出，普通教育环境是限制最少的环境，但每个学生的最少限制环境应由个性化教育计划小组的专业判断来决定（Palley，2009）。个性化教育计划小组将确定在连续安置中哪个限制最少，同时也是最合适的。如果普通教育环境无法根据学生的情况提供适当的教育效益，则有必要进行限制性更强的安置以提供教育效益。

87 　　家长和学校在安置决定上的分歧导致了许多判例。美国最高法院尚未审理过解释最少限制环境规定的案件。因此，美国巡回上诉法院的不同裁决是提供指导的最高权威。巡回上诉法院制定并使用了四种测试方法来确定学校是否符合最少限制环境规定（见表 7.1）。下面将研究这些案例和测试。

表 7.1　巡回上诉法院在确定最少限制环境时采用的测试标准

朗克测试	1. 限制性较强的安置所适合的教育服务是否可以在限制性较弱的安置中提供？ 2. 如果是，那么限制性较强的安置就不合适。
丹尼尔测试	1. 能否在普通教育课堂中通过辅助器具和服务实现令人满意的教育？ 2. 如果学生被安置在限制性较强的环境中，该学生是否在最大程度上融入了该环境？
雷切尔测试	确定最少限制环境安置时应考虑的因素： 1. 普通教育班级的教育效益与特殊教育班级的教育效益的比较。 2. 与非残疾学生互动的非学术性效益。 3. 学生在课堂上对教师和其他学生的影响。 4. 融合教育的成本。
德弗里斯测试	在以下情况下，不需要进行融合教育： 1. 残疾学生不会从融入普通教育班级中获得教育效益。 2. 融合带来的任何边际效益，都会被只有在单独的教学环境中才有可能获得的效益所严重抵消。 3. 该学生在普通教育班级中是一股破坏力量。

朗克测试（The Roncker Test，第六和第八巡回上诉法院）。最早涉及最少限制环境的判例之一是 1983 年朗克诉瓦尔特案（Roncker v. Walter）。尼尔·朗克（Neil Roncker）是一名 9 岁的中度智力障碍学生。尼尔的学校认为，最适合他的安置是为残疾儿童设立的特殊学校。他的父母不同意，他们认为尼尔的最佳安置是在普通教育课堂上接受支持和服务。他们认为尼尔将受益于与非残疾同龄人更多的融合和交流。在美国地区法院作出有利于学校的裁决后，朗克一家向美国第六巡回上诉法院提起上诉。

第六巡回上诉法院强调，国会规定最少限制环境的初衷是倡导 88 普通教育环境安置，但并不总是适合每种情况。朗克可移植性测试的制定是为了帮助学校和法院区分隔离式特殊教育服务和融入普通教育环境中的效益。从本质上讲，法院认为，学校应确定使这种安置变得适当的服务是否可以在限制性较小的环境中得到切实提供。

如果可以，则根据 2004 年《残疾人教育法》规定（Roncker v. Walter, 1983），将学生安置在限制性更强的环境中是不合适的。这一审查标准适用于第六巡回上诉法院（肯塔基州、密歇根州、俄亥俄州、田纳西州）。不久之后，美国第八巡回上诉法院采用了朗克测试来分析最少限制环境和融入问题。第八巡回审判区包括阿肯色州、艾奥瓦州、密苏里州、明尼苏达州、内布拉斯加州、北达科他州和南达科他州。

丹尼尔·R. R. 测试(The Daniel R. R. Test，第二、第三、第五、第十和第十一巡回上诉法院)。1989 年丹尼尔·R. R. 诉州教育委员会案（Daniel R. R. v. State Board of Education）是关于最少限制环境的开创性判例（Yell，2019）。该案由第五巡回上诉法院审理，但其裁决对其他几个巡回上诉法院具有说服力。丹尼尔是一名患有唐氏综合征的 6 岁儿童，就读于得克萨斯州的一个学区。在父母的要求下，丹尼尔上半天普通教育学前班，半天特殊教育班。开学后不久，丹尼尔的老师告知学校，丹尼尔没有掌握任何幼儿技能，很少参加课堂活动，需要大量的个性化关注和指导。学校认为学前班不适合丹尼尔，于是将他专门安排在特殊教育班。丹尼尔的父母不同意这种安排，并要求进行正当程序听证。

听证官和联邦地区法院都同意校方的意见，认为丹尼尔在学前班教室接受的教育效益不大，在特殊教育班可以更适当地满足他的需要。丹尼尔的父母向第五巡回上诉法院提出上诉。

第五巡回上诉法院还是作出了有利于学校的裁决，即为丹尼尔提供限制性更强的环境以获得教育效益是适当的。法院强调，确定适当教育方法的工作最好由当地学校的专业人员负责。由于适当的教育比最少限制教育更重要，因此，当免费适当的公立教育和最少限制环境发生冲突时，最少限制环境的规定与免费适当的公立教育规定相比就变得次要了（Daniel R. R. v. State Board of Education,

1989)。

第五巡回上诉法院驳回了第六巡回上诉法院的朗克测试，认为它过于干涉地方学区的教育选择，并制定了自己的两部分测试。丹尼尔·R. R. 测试允许学校通过询问以下问题来确定自己是否遵守了最少限制环境规定：（1）能否在普通教育课堂上通过辅助器具和服务实现令人满意的教育？

要回答这个问题，学校必须确定普通教育教室是否能为学生提供教育效益。此外，被纳入班级的学生不得对班级同学的教育产生负面影响。第五巡回上诉法院意识到，丹尼尔的需求在普通教育课堂上没有得到满足，而且他对老师照顾和指导其他学生的能力产生了负面影响。丹尼尔测试的第二部分是：（2）如果学生被安置在限制性较强的环境中，该学生是否在最大程度上融入了该环境？为了让被安置在限制性较强的环境中的学生获得适当的教育，必须尽最大可能让该学生融入非残疾的同龄人中，例如，在午餐、课间休息和非学术课程中。如果学校满足了丹尼尔·R. R. 测试的这两个部分，那么他们就履行了《残疾人教育法》规定的在学生的最少限制环境中提供适当教育的义务。

丹尼尔·R. R. 测试适用于第五巡回上诉法院（路易斯安那州、密西西比州和得克萨斯州），并被第二巡回上诉法院（纽约州、佛蒙特州、康涅狄格州）、第三巡回上诉法院（宾夕法尼亚州、新泽西州、特拉华州）、第十巡回上诉法院（怀俄明州、犹他州、科罗拉多州、堪萨斯州、新墨西哥州、俄克拉何马州）和第十一巡回上诉法院（亚拉巴马州、佐治亚州、佛罗里达州）采用。

雷切尔·H. 测试(The Rachel H. Test, 第九巡回上诉法院)。 在1994年萨克拉门托市联合学区教育委员会诉雷切尔·H. 案（Sacramento City Unified School District Board of Education v. Rachel H.）中，第九巡回上诉法院以朗克测试和丹尼尔·R. R. 测试为基

础，建立了一个由四个部分组成的测试，以确定是否符合最少限制环境要求。雷切尔·霍兰（Rachel Holland）是一名患有中度智力障碍的 11 岁女孩。在参加了数年的特殊教育课程后，她的父母希望将她安置在普通教育教室，并在整个学习日为她提供辅助器具和服务。学校认为雷切尔的残疾过于严重，无法从普通教育课堂中受益。学校工作人员建议将她安排在特殊教育班学习学术科目，但在普通教育班学习非学术科目。家长不同意，要求进行正当程序听证。此案最终由第九巡回上诉法院审理，法官在作出裁决时考虑了四个因素。

第一个因素考虑了具有辅助器具和服务的普通教育教室的教育效益与限制性更强的环境的教育效益的对比。在本案中，法院认为学区没有提出证据证明特殊教育教室对雷切尔的教育效益大于普通教育教室的教育效益。

第二个因素考虑的是普通教育课堂与限制性更强的环境的非学术性效益的对比（如与非残疾同伴的社交互动）。在听取了本案的证词后，法庭认为雷切尔从与同伴的社交互动中获益匪浅。因此，普通教育课堂比特殊教育课堂提供了更多的非学术性效益。

90　　第三个因素考虑的是学生的存在对教师和教室里其他学生的影响。如果某个学生严重扰乱课堂秩序，或需要教师单独关注，从而影响其他学生的学习，那么可能需要对其进行更严格的限制。本案中的双方当事人都认为，雷切尔既没有扰乱课堂秩序，也没有分散大家注意力。法院还认为，她并不需要老师对她进行大量的个性化指导，从而影响其他学生的教育。

第四个因素考虑的是安置在普通教育教室的成本。校方提出的将雷切尔安置在普通教育班级并提供辅助器具和服务的成本远高于将其安置在特殊教育班级的成本的理由并没有说服法院。因此，成本并不是雷切尔在普通教育教室接受教育的障碍。在考虑了所有四项因素后，第九巡回上诉法院作出了有利于雷切尔及其父母的裁决，即将她安置在普通教育教室并提供辅助器具和服务是合适的。

德弗里斯测试（The DeVries Test，第四巡回上诉法院）。1989年，第四巡回上诉法院在德弗里斯诉费尔法克斯县教育委员会一案（DeVries v. Fairfax County School Board）中采用了略有不同的方法，通过三部分测试来确定普通教育课堂何时不合适。迈克尔·德弗里斯（Michael DeVries）是一名患有自闭症的 17 岁高中生。他的个性化教育计划小组认为，将他安置在一所职业学校最合适，而这所学校离他的母校有几英里远。迈克尔的父母不同意职业学校的安置，希望他能在附近的学校上学，因此他们要求进行正当程序听证。

第四巡回上诉法院审理了此案，并裁决支持下级法院的裁决，即迈克尔在职业学校的安置是适当的。法院对迈克尔的个人情况进行了研究，得出结论认为，融合教育不是适当的安置方式，因为：(a) 他在普通教育课堂上无法获得教育上的益处；(b) 虽然与非残疾同龄人的融合可能为他带来一定的社交益处，但这并不足以抵消他在职业学校所能获得的教育益处；以及（c）他的行为具有破坏性。

德弗里斯测试是美国第四巡回上诉法院（管辖马里兰州、北卡罗来纳州、南卡罗来纳州、弗吉尼亚州和西弗吉尼亚州）的法律依据。

巡回上诉法院之间的共同因素。在确定各州是否遵守《残疾人教育法》中最少限制环境的规定时，有四种不同的测试对各州具有控制权。然而，在不同的判例中出现了五个共同因素。图 7.3 列出了每个因素。

第一，法院一致认为，《残疾人教育法》明确规定普通教育课堂是残疾学生的首选环境。法院一直强调，国会制定该法的意图是让

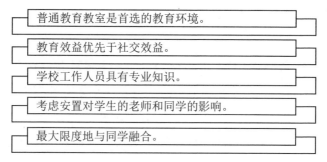

普通教育教室是首选的教育环境。

教育效益优先于社交效益。

学校工作人员具有专业知识。

考虑安置对学生的老师和同学的影响。

最大限度地与同学融合。

图 7.3　判例中用来确定最少限制环境的共同因素

残疾学生在最大程度上与非残疾学生一起接受教育。

第二，法院一致认为教育效益优先于社交效益。与非残疾同龄人的社交互动很重要，法院也是这样说的。然而，相比于提供适当的教育，将残疾学生纳入普通教育课堂的最少限制环境任务是次要的。

第三，法院不愿质疑教育工作者对何为适当的教育服务的专业判断。个性化教育计划小组由教育专业人士组成，他们已对学生进行了评估，了解他们的教育需求以及满足这些需求所需的教学服务。因此，法院把确定学生将在教育上受益的适当安置的实质性权力交给了学校工作人员。

第四，学校应考虑接纳残疾学生对教师和班级其他学生的影响。当残疾学生表现出破坏性和攻击性行为时，学校并非束手无策。在决定适当的安置时，必须考虑到其他学生的安全和教育福祉。如果辅助器具和服务无法减少破坏性行为，或者个性化教学需要占用教师过多精力，那么普通教育课堂很可能不是学生的最少限制环境。

第五，如果需要一个限制性更强的环境，学校必须在最大程度上将残疾学生与非残疾同龄人融合在一起。法院试图在提供适当教育服务的现实与 1954 年布朗诉教育委员会一案中"隔离永远不平等"理论之间取得平衡。虽然理想的情况是每个学生都能在普通教育环境中接受教育，并得到辅助器具和服务，但有些学生需要更深入的干预措施，而这些措施只能在限制性更强的环境中提供。

如何确保最少限制环境?

大多数情况下，个性化教育计划小组将决定学生的最少限制环境安置。这一决定必须重新审议，并在需要时进行修订，且至少每年一次。该小组有责任确定限制最少同时又最适合教育的连续安置。在作出这一决定时，个性化教育计划小组应该做和不应该做一些事情，以确保为学生决定适当的最少限制环境（见图7.4）。

93

应做的	不应做的
• 进行全面评估以确定学生的教育需求。 • 制定个性化的教育计划，提供辅助器具和服务、相关服务以及计划修改，为学生带来教育效益。 • 让家长或监护人有意义地参与安置决定工作。 • 从普通教育课堂开始讨论安置问题，以确定辅助器具和服务是否能给学生带来适当的教育效益。 • 如果普通教育教室不合适，则逐次向下移动，直到确定合适的安置为止。 • 一旦确定了安置，要考虑是否有更多的机会让学生与同龄人融合。	• 根据与学生教育需求无关的因素作出安置决定。 • 在了解学生的教育需求之前，预先确定学生的安置。 • 依据"一直以来都是这样做的"的理由而作出安置决定。 • 因为没有其他选择而安置学生就读。 • 根据服务成本作出安置决定，除非在多个可提供同等教育效益的方案中作出选择。 • 在个性化教育计划会议之前确定学生的安置。

图7.4　为确保适当的最少限制环境应做与不应做的事情

个性化教育计划小组在确定学生的最少限制环境安置之前，必须全面了解学生的教育需求。学生的最少限制环境安置是指在最好地满足这些教育需求的情况下，能够尽可能地与非残疾同龄人在一起的地方。基于与学生教育需求无关的因素，例如残疾类别、服务

92

的可获得性或行政便利，而作出的安置决定无效。因为"智力障碍学生都是在那里上课"而将学生安置在限制性更强的环境（如生活技能教室），也不是可以接受的最少限制环境理由。

个性化教育计划小组必须首先与学生家长合作，制定有目标的个性化教育计划。然后，小组才能确定最少限制环境安置。小组首先应该询问，普通教育课堂与辅助器具和服务是不是学生取得教育进步的适当环境？ 如果小组认为普通教育课堂不合适，那么就应该考虑下一个限制性环境，即连续安置。例如，学生能否在每周或每天有限的时间内在资源教室中取得适当的进步？ 小组应根据学生的教育需求，逐级往下考虑，直至确定最适合学生个性化需求的安置方案。

最后，如最少限制环境的最终决定是在一个比普通教育教室更严格的环境中进行教育，个性化教育计划小组必须询问学生在学校是否有额外的机会与非残疾同龄人一起参加活动。《残疾人教育法》明确规定，对残疾学生而言，带有辅助器具和服务的普通教育课堂是首选的教育环境。然而，在决定安置时，学生的个性化需求必须是首要因素。虽然适当的教育优先于限制性教育，但个性化教育计划小组必须牢记，隔离永远不平等。在最大程度上，将残疾学生与其非残疾同龄人融合并对其进行教育，是确保履行《残疾人教育法》中最少限制环境规定的唯一途径。

哪里可以找到更多关于最少限制环境的信息？

家长信息和资源中心(Center for Parent Information and Resources, www.parentcenterhub.org)。这是一个方便家长使用的资源，提供有关最少限制环境的英语和西班牙语信息。查阅请访问：https://www.parentcenterhub.org/placement-lre/。

美国教育部——《残疾人教育法》。查阅《残疾人教育法》中关于个性化教育计划的规定请访问：https://sites. ed. gov/idea/regs/b/b/300.114。

《残疾人教育法》基础知识：最少限制环境[IDEA Basics：(LRE) Least Restrictive Environment]。在这段视频中，一位特殊教育倡导者和特殊教育律师讨论了最少限制环境。这段简短的视频介绍了残疾学生家长应该了解的重要最少限制环境概念，并进行了讨论。查阅请访问：https://www.youtube.com/watch?v=I7HFRF8y288。

各州特定的最少限制环境信息。有关各州的最少限制环境信息，请搜索你所在州的教育部门，并从中搜索"least restrictive environment"。每个州都会有与州特定最少限制环境要求相关的指导文件和其他重要信息。

94

关键术语

连续安置：从限制性最小（普通教育教室）到限制性最大（寄宿医院/机构）的学生个性化教育计划实施的教育安置环境范围。

正当程序听证：类似于法庭审判，争议双方都可以提出证据、传唤证人并进行法律辩论。听证官或法官负责监督庭审并作出判决。

融合：一种教育理念，即残疾学生应与非残疾学生一起接受教育，并得到支持和服务。

生活技能教室：为有较严重残疾的学生开设的特殊教育教室。经过修改的课程侧重于针对学生个性化需求的功能、适应性、社交和学术技能。

主流化：一个过时的术语，代表了一种教育理念，即残疾学生应在一天中的部分时间（如课间休息、非学术课程、午餐）与非残疾同龄人在一起。

资源教室：为残疾程度较轻的学生开设的特殊教育教室。针对学生的个性化需求提供专门的教学和学业辅导。残疾学生在资源教室上课的时间仅为一天中的部分时间或一周中的几次。

优先于：取代以前的权威；新的优先事项。

辅助器具和服务：在普通教育班级、其他与教育相关的环境、课外和非学术环境中提供的辅助器具、服务和其他支持，使残疾学生能在最大程度上与非残疾学生一起接受教育。

讨论问题

1. 为什么最少限制环境和免费适当的公立教育有时会相互冲突？

2. 你是否同意免费适当的公立教育应优先于最少限制环境？

3. 在确定最少限制环境时必须考虑哪些因素？

4. 为什么最少限制环境决定可能导致家长与学校之间的冲突？

5. 可以提供哪些支持以使残疾学生留在普通教育环境中？

95　参考文献

Brown v. Board of Education, 347 U.S. 483 (1954).

Champagne, J. F. (1993). Decisions in sequence: How to make placements in the least restrictive environment. EdLaw Briefing Paper, 9 & 10, 1—16.

Daniel R. R. v. State Board of Education, 874 F.2d 1036 (5th Cir. 1989).

DeVries v. Fairfax County School Board, 853 F.2d 264 (4th Cir. 1989).

Education of All Handicapped Children Act of 1975, 20 U.S.C. § 1401.

Endrew F. v. Douglas County School District, 137 S. Ct. 988 (2017).

Individuals with Disabilities Education Act of 2004, 20 U.S.C. § 1400.

Martin, E. (2013). Breakthrough: Federal special education legislation: 1965—

1981. Bardolf & Company.

Palley, E. (2009). Civil rights for people with disabilities: Obstacles related to the least restrictive environment mandate. Journal of Social Work in Disability and Reha-bilitation, 8, 37—55.

Roncker v. Walter, 700 F.2d 1058 (6th Cir. 1983).

Sacramento City Unified School District Board of Education v. Rachel H., 14 F.3d 1398 (9th Cir. 1994).

Yell, M. L. (2019). The law and special education (5th ed.). Pearson Education.

Yell, M. L, & Christle, C. A. (2017). The foundation of inclusion in federal legislation and litigation. In C. M. Curran & A. J. Petersen (Eds.) The handbook of research on classroom diversity and inclusive education practice (pp. 27—74). IGI Global.

第八章
家长参与

家长是个性化教育计划小组的平等成员,他们的意见、想法和建议应得到与小组内其他专业人员同样的考虑和尊重。

——莎莎·安德森(Sasha Anderson)
爱达荷州特殊教育教师

家长作为小组成员,在制定和监督孩子的个性化教育计划方面发挥着重要作用。虽然个性化教育计划小组中的教育专业人员(即学校校长、学校心理学专家、特殊教育教师)负责程序性和实质性要求,但《残疾人教育法》规定了学校必须遵守的具体准则,以确保家长参与其子女特殊教育服务的各个方面。如第六章所述,个性化教育计划是学校与残疾儿童家长之间的法律合同。家长必须参与该法律合同的制定,并参与所发生的任何修改。与家长参与有关的许多诉讼都被归结于沟通问题。因此,特殊教育教师必须遵循《残疾人教育法》规定的程序性准则,实施有效的沟通策略,以保证家长的参与。在本章中,我们将讨论特殊教育的第五大支柱——家长参与（图 8.1），并回答如下基本问题：

1. 什么是家长参与？

2. 家长参与和免费适当的公立教育有何关系？

3. 哪些法规和判例规定了家长参与？

4. 如何确保家长参与？

5. 哪里可以找到更多关于家长参与的信息？

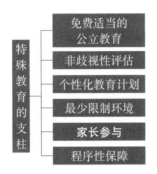

图 8.1　家长参与是特殊教育的第五大支柱

什么是家长参与？

在讨论家长参与之前，我们需要澄清一个看似简单，但最终却相当复杂的问题：谁是家长？ 在本章中，我们将通篇使用"家长"一词，但正如你将看到的，根据《残疾人教育法》，"家长"一词可以有多种含义，例如：

● 孩子的亲生父母或收养父母。

● 寄养父母，除非州法律、法规或州合同义务或地方实体禁止寄养父母充当家长。

● 通常被授权作为孩子的家长或被授权为孩子作出教育决定的监护人（但如果孩子是州政府的被监护人，则不包括州政府）。

- 代替与儿童共同生活的亲生父母或收养父母（包括祖父母、继父母或其他亲属）行事的个人，或对儿童权益负有法律责任的个人。

- 依法指定的代理父母。

- 除寄养父母的情况外，当亲生父母或收养父母试图充当家长时，如果有一方以上有资格充当家长，则推定亲生父母或收养父母为家长，除非他们无权为孩子作出教育决定。

- 离异父母：如果法庭命令或协议确定某人为孩子的"父"或"母"，或代表孩子作出教育决定，则此人应被视为家长。

家长是特殊教育的重要合作伙伴，也是个性化教育计划小组的法定成员。根据前几章的内容，我们知道《残疾人教育法》的主要目标是在最少限制环境中为所有符合条件的残疾学生提供免费适当的公立教育。国会认识到，由于学校工作人员具有专业知识，学区在鉴定资格和制定个性化教育计划的过程中拥有很大的权力。

个性化教育计划小组的成员，如教师、学校心理学专家和校长，根据他们所接受的培训，可能会对《残疾人教育法》的程序性和实质性内容有更多的了解。为了让家长充分参与并在《残疾人教育法》程序中为他们的孩子代言，国会在法规中纳入了大量重要的家长权利。表8.1概述了《残疾人教育法》规定的家长参与其子女个

表8.1　允许家长参与个性化教育计划程序的八项主要法定权利

1. 家长有权获得关于《残疾人教育法》提供的所有程序性保障措施和本州投诉程序的完整解释。
2. 保密以及家长检查和审查其子女教育记录的权利。
3. 家长有权参加有关其子女的鉴定、评估和安置的会议。
4. 家长有权获得对其子女的独立教育评估。
5. 家长有权就有关其子女的鉴定、评估或安置事宜收到"事前书面通知"。
6. 家长有权在学校对其子女采取某些行动之前表示同意或否决。
7. 家长有权不同意学区作出的决定。
8. 家长有权使用《残疾人教育法》机制解决争议，包括有权对裁决提出上诉。

资料来源：Center for Parent Information and Resources［2017］。

性化教育计划过程的八项主要法定权利。

从本质上讲，《残疾人教育法》规定的八项权利旨在为家长提供以下机会：(a) 获取和评估学校收集的有关其子女的数据；(b) 作为知情成员参与影响其子女教育的决策；以及 (c) 了解自己的合法权利以及在不同意学校决定时提出异议的程序。正如我们现在要探讨的，家长参与的这三个法律要素直接关系到下一个基本问题。

100

家长参与和免费适当的公立教育有何关系?

显然，《残疾人教育法》由程序性要求和实质性要求组成。家长参与和免费适当的公立教育之间的关系也不例外。特殊教育教师必须遵守程序性要求，以确保在程序上提供免费适当的公立教育，同时还必须遵守实质性要求，以保证提供适当的教育。

家长参与的程序性要求。家长参与的第一个程序步骤是通知。学校必须采取措施确保家长一方或双方出席个性化教育计划会议。因此，通知必须给家长足够的时间以便他们参加个性化教育计划制定会议。家长需要在会议召开前多久收到通知？联邦法规未提及与安排个性化教育计划会议有关的具体时限。但是，学区必须在个性化教育计划会议前尽早通知家长，以确保他们有机会参加。给家长的书面通知必须包含会议的目的、时间和地点以及出席人员。学校必须与家长合作，在双方同意的时间安排会议。学校不一定要同意家长要求的时间和日期；但是，学区必须善意地努力就时间安排达成共识（Yell，2019）。如果无法联系到家长参加个性化教育计划会议，学校有义务制定个性化教育计划并提供免费适当的公立教育。学校必须有多次尝试联系家长并安排会议的文件记录。文件记录的例子可能包括：

- 拨打或试图拨打电话的记录以及通话结果。

- 发给家长的信件副本及收到的任何回复。

- 对家长住所或工作地点的探访记录以及探访结果。

家长参与的第二个程序步骤是获取记录和数据。无论是初次评估和资格确定会议，还是个性化教育计划年度审查会议，家长都有权获得其子女的表现数据。此外，必须以合乎逻辑的方式向家长解释所提供的信息，以便他们能够作为知情成员参与决策。家长很可能没有接受过解释和分析评估数据的专业培训。因此，个性化教育计划小组必须努力解释评估结果，并回答家长可能提出的任何澄清问题。

在召开个性化教育计划会议之前，必须向家长提交一份个性化教育计划草案，而不是已完成（即定稿）的文件。为了参加个性化教育计划会议，家长需要获得个性化教育计划草案，以便阅读文件并准备以有意义的方式参与。如果家长不明白发生了什么，家长的参与就没有意义。联邦法规定，学校必须采取一切必要措施确保家长理解个性化教育计划会议的程序，包括为母语不是英语的家长安排一名翻译。如果英语不是家长的第一语言，学区可能需要提供一名翻译。如果没有现场英语口译员，大多数学区都有电话服务，口译员可以通过电话提供服务。

对于有残疾或被认为有残疾的家长，学校应采取一切必要措施，确保家长理解个性化教育计划会议的程序。措施包括记录会议；为聋哑人/听障人士提供翻译，或为需要协助进入大楼的人士提供向导；或提供盲文或大号字体的材料。重要的是要尽一切努力确保家长能够充分参与。

家长参与的第三步是通过提供程序性保障，让家长了解自己的合法权利。程序性保障非常重要，被认为是特殊教育的第六大支柱。我们将在第九章详细讨论程序性保障。

101

家长参与的实质性要求。家长参与的程序性要求旨在让家长了解其子女的教育情况并参加个性化教育计划会议。家长参与的实质性要求是确保有意义的参与。

纵观历史，家长一直是改善子女教育的有力倡导者。家长了解自己的子女，希望为他们做最好的事。事实上，如果没有家长的倡导，特殊教育就不会有今天的发展（参见第二章）。国会不希望家长成为个性化教育计划小组的被动成员，而希望家长作为平等的成员有意义地参与其中。在 1975 年首次通过《残疾人教育法》时，国会写道：

> 近三十年的研究和经验表明，通过加强家长的作用和责任，确保家庭……有意义地参与子女在学校和家中的教育，可以使残疾儿童的教育更加有效。（IDEA，2004）

个性化教育计划会议是家长参与为其子女制定适当教育计划的最佳机会。在个性化教育计划小组就最少限制环境安置、年度目标、支持水平和相关服务作出决定时，必须让家长真正参与讨论。应征求并考虑他们的意见和建议。但是，家长的参与并不意味着家长在安置、计划和相关服务方面拥有绝对的权力。家长并不是个性化教育计划小组的高级成员；相反，他们是平等的合作伙伴。任何负责领导个性化教育计划会议的人都应该意识到，要就最终的个性化教育计划达成一致，就需要积极的倾听技巧、协商和妥协。我们将在本章末尾介绍几种家长参与策略，以确保个性化教育计划会议取得成功。

学区个性化教育计划小组成员必须避免预先确定学生的计划或安置。预先确定是指在个性化教育计划会议上提交最终确定的个性化教育计划，或学区在家长参与之前已决定学生的安置或特殊教育

102

服务。在实际的个性化教育计划会议之前单方面决定学生的安置和计划，剥夺了家长对个性化教育计划过程的有意义参与，很可能违反免费适当的公立教育的要求（Yell，2019）。学区可以准备一份个性化教育计划草案，以便在个性化教育计划会议上讨论；但是，学校在个性化教育计划最终定稿前必须听取并考量家长的意见和建议。学区应避免可能被解释为预先确定的声明，如"在我们学校，所有被诊断为有学习障碍的学生每天都要接受四十五分钟的资源教室教育"。这样的声明既不符合特殊教育服务的个性化要求，也不允许家长推荐其他安置方案或服务。

哪些法规和判例规定了家长参与？

行政部门和司法部门都强调了家长参与的重要性。虽然有意义参与的实质性要求是主观的，但法院对程序性要求作出了非常明确的裁决。

2013 年道格·C. 诉夏威夷州案(Doug C. v. Hawaii)。道格 C. 是斯宾塞（Spencer）的父亲，斯宾塞是一名患有自闭症的 18 岁学生。自从五年级以来，斯宾塞就被安置在一所私立特殊教育学校。斯宾塞的个性化教育计划会议本应在 10 月举行，但道格无法参加。学区提议在 11 月初举行会议，道格也无法参加。最后，会议日期定在 11 月 9 日；然而，在提议的会议当天，道格因生病请求重新安排个性化教育计划会议。学校知道斯宾塞的年度个性化教育计划审查截止日期是 11 月 13 日，因此建议在 11 月 10 日或 11 日举行会议。校方甚至建议通过电话召开会议，这样道格如果身体不适不能到现场，也可以参加。道格说他想现场参加，因此不能在 10 日或 11 日参加。特殊教育协调员决定继续召开 11 月 9 日的会议，尽管家长不会出席。

在年度个性化教育计划会议上，学校决定将斯宾塞的安置从私立学校改为公立高中的职场准备课程。学校将修改后的个性化教育计划寄给道格，并安排在 12 月举行一次后续会议。道格拒绝接受个性化教育计划，因为他没有参与个性化教育计划的制定，也不同意他儿子的安置改变。校方没有改变将斯宾塞安置在新环境中的最初决定。道格提起正当程序听证，声称学区未能确保他参与个性化教育计划会议，导致他的儿子被拒绝接受免费适当的公立教育（Yell et al., 2015）。

道格·C.诉夏威夷州案最终由第九巡回上诉法院作出裁决。法院作出了有利于道格·C. 的裁决，并在多数意见中指出，学区将家长纳入个性化教育计划会议的努力并不充分。尽管学区担心错过斯宾塞的年度审查截止日期（在程序上违反了《残疾人教育法》），但法院认为家长参与应优先于严格遵守任何审查时限。学区还辩称，道格的多次取消打乱了个性化教育计划小组其他成员的日程安排，因此有必要在他不在场的情况下召开会议。法院也驳回了这一论点，指出"斯宾塞的家长道格·C. 的出席必须优先于其他成员的出席"（Doug C. v. Hawaii, 2013，第 1048 页）。最后，学区关于在 12 月召开后续会议以审查个性化教育计划的论点被认为是对参与制定个性化教育计划的不恰当替代。仅仅召开一次个性化教育计划后续会议并不能对学区在没有家长参与的情况下召开个性化教育计划会议的错误决定进行补救，因为在制定个性化教育计划的过程中，家长的参与是理所应当的（Yell et al., 2015）。

2001 年阿曼达·J.诉克拉克县学区案。阿曼达是一个 3 岁的女孩，被认为在沟通和日常生活技能方面有明显缺陷。她接受了内华达州克拉克县学区的评估，并被诊断为发育迟缓。尽管阿曼达的母亲请求从学区心理学专家那里获得她女儿的评估记录，但她从未收

103

到过该记录。阿曼达开始接受针对她发育迟缓的特殊教育服务，但不久后，她搬到了加利福尼亚州。到达加利福尼亚州后，阿曼达重新接受了评估，并被诊断为自闭症。在审查阿曼达在加利福尼亚州的评估教育记录时，她的母亲第一次看到内华达州克拉克县学区讨论了可能的自闭症诊断。阿曼达的母亲向克拉克县学区提出了正当程序听证会，声称她的女儿因被误诊为发育迟缓而被剥夺了免费适当的公立教育。

阿曼达·J. 诉克拉克县学区案最终由第九巡回上诉法院作出有利于阿曼达及其家人的裁决。法院裁定，由于学区未能向其家人披露所有记录，限制了他们作为个性化教育计划小组平等成员参与的权益，因此违反了《残疾人教育法》，构成拒绝提供免费适当的公立教育。如果阿曼达的母亲看到了评估文件，也许她会质疑发育迟缓而非自闭症的诊断。没有提供评估文件是一种程序性违规，并导致了实质性违规。阿曼达·J. 案的裁决意义重大，因为它强调了向家长提供所有相关文件和数据的重要性，这样他们才能作为知情成员参与到个性化教育计划小组中。

如何确保家长参与？

在确保家长参与时需要考虑的一个关键概念是诚信理念。第六章介绍了"善意努力"，它适用于特殊教育的许多方面。特殊教育教师必须做出善意的努力，让家长有意义地参与进来。关于个性化教育计划会议的时间安排，图 8.2 提供了一些最佳实践策略。个性化教育计划会议协调员应提供日期和时间选择供家长考虑，学校与家长之间的所有沟通都应记录在案。

104

安排的最佳实践

- 在联系家长之前,先与团队中需要到场的其他人商谈。是否有某个小组成员不能参加的时间?
- 向家长提出几个日期和时间。不要直接说"这是会议时间",要给出几个选项。
- 记录与家长就日程安排进行的所有联系。每一个电话、每封邮件。同时,记录下家长的任何回复。
- 日期确定后,务必向家长(和其他人)发送提醒信,告知会议的时间和地点。
- 会议当天再发一次提醒。

图 8.2　安排个性化教育计划小组会议的最佳实践

如果面对面的会议不方便或不可能,例如,在新冠疫情期间,替代会议的形式可以为家长提供参与的机会,并让他们充分了解他们孩子的计划和安置情况。在设置替代性会议形式时,需要考虑以下一些要点:

- 使用家长喜欢的交流方式:电话、Skype、Zoom、FaceTime 或其他。

- 在会议前测试沟通方式。

- 如果会议期间出现问题,要有备用计划。

- 确保在会议前向家长提供一份标注清楚的个性化教育计划草案。

- 由于不是面对面交流,应定期提醒小组成员在发言前作自我介绍。

在个性化教育计划会议期间,应考虑并实施几种最佳实践,以促进家长有意义的参与。首先,充分考虑家长提出的每一条建议。这并不意味着学校会将这些建议纳入个性化教育计划;但是,小组需要确保家长提出的每一条意见和建议都得到考虑。请记住,家长对个性化教育计划没有否决权。个性化教育计划是一份协商一致的文件。当出现意见分歧时,需要谈判和妥协的技巧来达成共识。

其次,充分考虑家长带给小组的与校外评估有关的每一条信息。独立教育评估（Independent Educational Evaluation）可能来自心理学专家、辅导员、医生或社会工作者。

复查独立教育评估，并将相关部分纳入个性化教育计划的"目前学业成绩和功能表现水平"部分。这并不意味着需要全面实施外部独立评估的建议。作为学校小组考虑因素的一部分，需要明确学生是否在学校环境中表现出独立教育评估中确定的行为。拒绝来自校外的信息要慎重，因为学区现在已经注意到存在可能需要解决的问题。

再次，回答家长提出的有关孩子课程和安置的每一个问题。确保及时回答。如果你不知道问题的答案，要让家长知道你正在寻找信息以便有效地回答问题，并会尽快给他们答复。

最后，开启个性化教育计划会议的最好做法是与家长讨论他们的孩子。说出学生的名字并讨论他们的优点。家长都爱自己的孩子，都希望自己的孩子得到最好的。会议重点应放在学生的需求上，以及特殊教育是如何为他们的孩子提供教育机会的。

全面沟通。家长参与是个性化教育计划过程的优先项。然而，不应仅止于此。教师和管理人员还应在一年中努力让家长充分了解其子女的进展情况。这不仅包括评分期结束时的强制性进度报告，还包括有关课堂活动、良好行为表扬、个人作业成绩以及其他任何值得注意的情况的定期更新。努力建立与家长沟通的意识，使信息能够双向流动，家长也可以向你提出问题、疑虑或意见。

确保对家长提出的问题作出回应。如果你不知道他们问题的答案，请努力获取答案——学习并和其他与学生一起工作的人分享，但要确保你能及时回复。最后，你可以说你不知道他们问题的答案，但你正在努力获取信息并为他们提供答案。在个性化教育计划会议之前、期间和之后都要与家长保持联系。制定个性化教育计划只是整个过程的一部分（尽管很重要）。要确保家长也参与到整个过程的其余部分中。

哪里可以找到更多关于家长参与的信息？

Waterford.org。Waterford.org 致力于将学习科学、指导关系和创新技术的最佳方面结合起来，形成社会、学校和家庭计划，为所有学习者提供卓越和公平的服务。本网站讨论了家长参与的益处：https://www. waterford. org/education/how-parent-involvment-leads-to-student-success/。

家长信息和资源中心(Center for Parent Information and Resources, www.parentcenterhub.org)。为残疾儿童家庭服务的家长中心网络所创建的信息和产品的中央 "枢纽"。该网站为家长提供了关于《残疾人教育法》对家长参与规定的易于理解的解释。对于诸如 "什么是事先书面通知" 等问题，您可以在此网址找到答案：https://www. parentcenterhub.org/qa2/。

106

《残疾人教育法》第 300.322 条家长参与(Section 300.322 of IDEA on Parent Participation)。可以直接访问《残疾人教育法》关于家长参与的规定：https://sites.ed.gov/idea/regs/b/d/300.322。

前沿教育(Frontline Education, www.frontlineeducation.com)。一个短片和网页提供了在家长参与下改善个性化教育计划过程的五种策略。点击这里观看视频和网站：https://www.frontlineeducation.com/blog/strategies-to-improve-the-iep-process-with-parent-participation/。

关键术语

善意地努力：真诚和诚实地努力。

独立教育评估：由非受雇于学区的合格考官展开的评估。

有意义的：严谨的、重要的或者有用的品质或目的。

127

预先决定： 事先安排、解决或定案。

专业知识： 因职业而拥有的一套独特的技能、知识和经验。

讨论问题

1. 有意义的家长参与有什么好处？

2. 为什么预先决定有可能违反《残疾人教育法》？

3. 如果家长不同意个性化教育计划小组关于其子女有资格接受特殊教育的评估，需要怎么做？

4. 还有哪些判例对家长参与这一特殊教育第五大支柱产生了影响？

参考文献

Amanda J. v. Clark County School District, 267 F.3d 877（9th Cir. 2001）.

Doug C. v. Hawaii Department of Education, 720 F.3d 1038,（9th Cir., 2013）.

Center for Parent Information & Resources（2017）. Parental rights under IDEA. Retrieved from https://www.parentcenterhub.org/parental-rights/ Individuals with Disabilities Education Act of 2004, 20 U.S.C. §§ 1400.

Yell, M. L., Katsiyannis, A., & Losinski, M.（2015）. Doug C. v. Hawaii Department of Education: Parental participation in IEP development. Intervention in School and Clinic, 51（2）, 118—121. https://doi.org/10.1177% 2F1053451214560894

第九章
程序性保障

《残疾人教育法》的核心内容之一是确保家长了解为他们及其子女提供的保护。如果家庭不了解这些保护措施，他们就无法在这一合作过程中发挥作用。

——詹妮弗·克莱恩（Jenifer Cline）

蒙大拿州特殊教育主任

《美国宪法》第五和第十四修正案规定任何州都不得"未经正当法律程序"剥夺任何人的"生命、自由或财产"。 1975 年通过《全体残障儿童教育法》时，国会希望确保残疾学生及其家庭的教育条款受到正当程序原则的保护。1975 年规定的程序性要求，以及随后通过重新授权《残疾人教育法》加强的程序性要求，旨在让家长切实参与到其子女的特殊教育规划和安置中。此外，国会预料到家长和学校之间会就特殊教育服务产生分歧。因此，需要制定相应的程序和政策来解决这种分歧。尽管历史上对残疾学生的排斥和歧视至今仍在被纠正，但程序性保障依旧是《残疾人教育法》的重要

组成部分。在本章中，我们将讨论特殊教育的第六个也是最后一个
支柱——程序性保障（图9.1），并回答如下基本问题：

    1. 什么是程序性保障？

    2. 程序性保障与免费适当的公立教育有何关系？

    3. 哪些法规和判例规定了程序性保障？

    4. 哪里可以找到更多关于程序性保障的信息？

108

图 9.1　程序性保障是特殊教育的第六大支柱

什么是程序性保障？

    根据美国最高法院的说法，《残疾人教育法》中规定了程序性保
障，以"保证家长有机会对影响其子女教育的所有决定提出有意义
的意见，并有权要求对他们认为不适当的任何决定进行复审"
（Honig v. Doe，1988，第598页）。最近，美国最高法院指出，"个性
化教育计划的起草必须遵守一套详细的程序。……这些程序强调家
长和教育工作者之间的合作，并要求仔细考虑儿童的个人情况"
（Endrew F. v. Douglas County School District，2017，第2页）。显然，
国会在最初通过《残疾人教育法》时就将程序性保障视为《残疾人
教育法》的重要组成部分。此外，州法院和联邦法院也一直坚持程

序性保障的基本性质。在《残疾人教育法》中，程序性保障由四个部分组成：(1) 通知和同意要求，(2) 查阅相关记录，(3) 独立教育评估，以及 (4) 争议解决程序（图 9.2）。

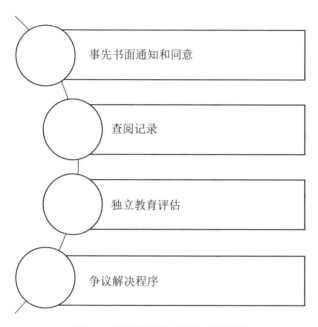

图 9.2　程序性保障的四个组成部分

事先书面通知和同意。在对其子女作出每项重大决定之前，家长有权收到所谓的事先书面通知（prior written notice）。事先书面通知是让家长了解其权利及其子女所接受服务的一种方式。家长有权以他们最能理解的语言（口语或书面语）收到事先书面通知。如第八章所述，如果由于语言或残疾障碍，家长无法获得所提供的信息，则是对家长参与权的侵犯。每当学校（包括特许学校）就特殊教育的以下内容作出决定时，必须向家长提交事先书面通知：(a) 儿童接受特殊教育及相关服务的资格，(b) 儿童的具体残疾情况，(c) 儿童将接受的具体服务，以及 (d) 将提供多少服务以及在

109

何处提供。程序性保障通知中包含了家长与其子女相关权利的大量法律信息。在许多州,这是一份长达三十多页的文件,提供了大量有关家长权利的详细信息,以及获取更多信息的联系电话。图9.3列出了联邦法规对事先书面通知内容的具体要求。

1. 解释所有程序性保障,以及家长如何获取副本。
2. 说明学校建议或拒绝采取的行动,包括:
    a. 解释采取该行动的原因。
    b. 描述所考虑的备选方案。
    c. 学校建议或拒绝采取行动的原因。
3. 说明作出决定所采用的各评估程序。
4. 说明与决定有关的其他因素。
5. 说明家长可从何处获得信息以了解其程序性权利。
6. 如果不是以书面形式提交,学校必须确保:
    a. 以口头或其他方式将通知翻译成家长的母语或其他交流方式。
    b. 家长理解通知的内容。
    c. 有书面证据证明这些要求已得到满足。

图9.3 《残疾人教育法》中事先书面通知要求内容[IDEA Regulations, 34 C.F.R. § 300.503(b);转引自 Yell(2019)]

征得家长同意是一项重要的程序性保障,因为它使学校能够实施事先书面通知中建议的行动。作为孩子的法定监护人,学校在(a)对学生进行评估以确定其接受特殊教育的资格,(b)提供特殊教育或相关服务,(c)对学生进行重新评估,(d)允许个性化教育计划成员缺席个性化教育计划会议,(e)实施个性化家庭服务计划以代替个性化教育计划,以及(f)访问学生的私人保险信息之前,必须通知家长并征得家长的书面同意(IDEA Regulations, 34, C.F.R. § 300.300 et seq.)。

2004年《残疾人教育法》的重新授权澄清了学校工作人员遇到的一种情况。如果家长拒绝同意学校工作人员认为必要的特殊教育服务该怎么办? 或者,如果无法联系到家长获得同意又该怎么办?

在这些情况下，学校可以通过申请调解和正当程序来进行初步评估。在初步评估后，如果认为特殊教育服务是必要的，但家长仍然拒绝同意提供服务，学校不能强迫学生接受特殊教育服务（Yell,2019）。如果家长拒绝同意学校提供的特殊教育计划，则尽管学区知道学生有残疾，该学生仍将被视为普通教育学生。根据《残疾人教育法》，学校不再有责任为该学生提供免费适当的公立教育。此外，在特殊教育服务期间，家长可随时撤销其同意。如果撤销，该学生不再受到《残疾人教育法》的保护，该学生将被视为普通教育学生，学校不再承担《残疾人教育法》中确保免费适当的公立教育的责任。

查阅记录。为了让家长作为知情成员参与到个性化教育计划小组中，他们有权检查和审阅所有涉及对其子女的鉴定、评估、安置和提供免费适当的公立教育的教育记录［IDEA Regulations, 34, C.F.R. § 300.501（a）］。根据《残疾人教育法》，学校必须毫不拖延地（45 天或更少）满足家长查阅教育记录的请求。此外，家长可以委托代表（如具有书面授权的律师）代为查阅和审核记录。

独立教育评估。如上所述，家长有权同意或拒绝其子女接受特殊教育评估。作为评估的一部分，让家长在评估过程中发挥作用并征求他们的意见非常重要。每个被怀疑有残疾的学生都有权接受个性化评估，以帮助确定他们的需求，以及这些需求是否表明学生应该接受特殊服务。家长有权要求学校对其子女进行评估，以确定他们是否有残疾，是否需要在学校接受特殊教育服务。如第五章所述，对学生的评估必须使用非歧视性的评估和程序。

作为对学区完成的评估的检查，如果家长认为学校的评估不恰当或不同意评估结果，他们也有权寻求并获得独立教育评估。家长可要求学区支付由非学区认可的评估员对孩子进行教育评估的费用。如果学区认为自己的评估是适当的，并满足了学生的所有需

111

求，则可申请正当程序听证，以寻求无需支付独立教育评估费用的裁决。听证官可裁决学区进行的评估是适当的，因此学区无需支付独立教育评估费用。家长仍可获得独立教育评估，但学区不必为此支付费用。在与学区共享独立教育评估结果时，必须将其视为学生计划的一部分。独立教育评估的结果并不一定决定学校应该做什么，相反，这些结果为团队提供了一个额外的数据点，有助于其作出特殊教育决定。

争议解决程序。家长和学校之间不可避免地会对《残疾人教育法》中许多的程序性或实质性要求产生分歧。如果家长认为学校没有遵循《残疾人教育法》程序，或对涉及其子女的鉴定、评估或安置的行为有异议，他们可以提出申诉，并遵循《残疾人教育法》中规定的争议解决机制。根据叶尔（Yell, 2019），当家长与学校发生争议时，可以通过三种途径解决：自愿调解、州申诉和正当程序听证。每个州都有自己特定的争议解决程序（在程序性保障通知中有说明），但是，法律和联邦法规规定了一般程序。

自愿调解。自愿调解是法律上最不复杂的程序，被强烈鼓励作为解决争议的首要选择。在调解过程中，经过培训的公正一方会在陷入僵局的各方之间推动问题解决和谈判进程（Lake, 2014）。调解员的作用是促进讨论，鼓励各方达成彼此同意的解决方案。调解员无权将解决方案强加给任何一方（Yell, 2019）。与其他争议解决程序相比，调解会议的组织和进行应减少正式性和对抗性。教育部特殊教育项目办公室不鼓励律师出席调解会议，因为律师可能"造成一种对抗的气氛，而这种气氛不一定符合儿童的最佳利益"(Letter to Chief State School Officers, 2000)。如果家长和学区通过调解程序解决了争议，双方必须签署一份具有法律约束力的协议，规定解决方案。

州申诉。如果自愿调解不成功，或家长决定放弃调解，家长可向州申诉，指控学校违反《残疾人教育法》。申诉必须包括学校违反

112

《残疾人教育法》要求的说明、支持申诉指控的事实陈述，以及家长的签名和联系信息。申诉不得与州政府收到申诉之日前一年以上的涉嫌违规行为有关。州政府官员在收到申诉并确定有必要进行调查后，有 60 天的时间从双方（即家长和学校）收集相关信息，进行现场调查，并允许学校提出解决方案。调查结束后，州政府将提交一份决定书，其中包括对申诉中每项指控的详细事实的调查结果和结论，以及建议采取补救措施的理由。州政府必须提供有效执行最终决定的程序。州政府有权强制执行其裁决。

正当程序听证。如果任何一方不同意自愿调解或州申诉的结果，或跳过了这些选项，则各方可要求进行正当程序听证。正当程序听证是法律上最复杂的程序，因为它是裁决性的。

正当程序听证与审判很相似，双方都要在听证官（即法官）面前陈述事实并论证其案件的法律依据。听证官听取争议双方的陈述，审查法律问题，并解决争议（Lake，2014）。在正当程序听证中，双方都有权：

● 由律师和 / 或对残疾儿童问题有特殊知识或培训经验的人员陪同并提供建议。

● 出示证据，与证人对质、交叉质证，并要求证人出庭；禁止在听证中引入任何未在听证前至少 5 个工作日向另一方披露的证据。

● 获得书面或电子版的听证逐字记录以及对事实和裁决的调查结果。

正当程序听证由初审法院作出裁决。如果任何一方对正当程序听证的结果不满意，该方可以顺着司法系统的法院层级结构向上级法院提出上诉。

2004 年，国会在争议解决程序中增加了一个调解会议。在收到正当程序申诉通知后的十五个自然日内，以及在正当程序听证会开始之前，必须召开一次由个性化教育计划团队中了解正当程序申诉中所述事实的相关成员参加的调解会议。会议的目的是讨论正当程序申诉以及构成申诉基础的事实，并为学校提供解决申诉的机会。除非家长带律师出席，否则学校不得带律师参加调解会议。如果学校在收到正当程序申诉后的三十个自然日内（在调解会议期间）未能解决申诉而让家长满意，则可以继续进行正当程序听证会。

程序性保障与免费适当的公立教育有何关系？

《残疾人教育法》的一项基本原则是家长有权参与与其子女相关的教育决策。法律非常明确地规定了学校在程序上必须采取的措施，以确保家长在特殊教育的整个过程中（如果他们愿意的话）有强势的发言权。程序性保障与免费适当的公立教育有关，它确保学校在规划和向残疾学生提供免费适当的公立教育时遵循适当的程序。程序性保障还为家长提供法律保护和机制，以确保其子女获得免费适当的公立教育。家长可请求调解、向州政府申诉或请求正当程序听证，以处理对学校的各种申诉。最常见的申诉包括：

1. 未能提供免费适当的公立教育。第四章详细介绍了构成拒绝提供免费适当的公立教育的几个程序性和实质性部分，如学生进步不足、缺乏与家长共同决策、未能提供足够的服务以及个性化教育计划不符合《残疾人教育法》的要求。

2. 不完整或不充分的评估，其问题与不当拖延、评估范围的限制或缺乏与家长的适当沟通有关。

3. 未能及时识别学生。

4. 未能遵守《残疾人教育法》中"寻找儿童"的要求，即学区必须在其地理区域内寻找可能需要特殊教育服务的学生。

5. 个性化教育计划不能有效满足学生的书面需求。

6. 不适当的安置，即家长不认同学区建议的安置方案适合解决其子女的残疾问题。

7. 504 计划执行失败，或缺乏计划。

哪些法规和判例规定了程序性保障？

2007 年温克尔曼诉帕尔马市学区案（Winkelman v. Parma City School District）。在这起美国最高法院案件中，杰夫（Jeff）和桑迪·温克尔曼（Sandee Winkelman）声称帕尔马市学区未能为他们的儿子雅各布（Jacob）提供免费适当的公立教育。尽管温克尔曼夫妇反对，学区仍计划将雅各布送入公立小学。在学区初步听证确认雅各布的安置后，温克尔曼夫妇自费将雅各布安置到一所私立学校，并向联邦地区法院申请补偿。地区法院裁决学区胜诉，拒绝报销私立学校的学费。温克尔曼夫妇不服判决，向第六巡回上诉法院提起上诉。巡回上诉法院驳回了诉讼，因为温克尔曼夫妇没有代理律师。温克尔曼夫妇辩称，根据《残疾人教育法》程序性保障，"任何一方对正当程序听证的结论感到不满"，均可向联邦法院提出上诉。第六巡回上诉法院驳回了这一论点，并裁定没有律师的家长不能在联邦法院代表自己或其残疾子女。

温克尔曼夫妇就第六巡回上诉法院的裁决向美国最高法院提起上诉。问题的关键在于，在根据《残疾人教育法》提起的诉讼中，残疾儿童的非律师家长是否可以代表自己（"自辩"）或其子女在联邦法院进行辩论？ 答案是：可以。最高法院以七比二的多数票推翻了第六巡回上诉法院的裁决。多数意见认为，根据《残疾人教育法》，家长享有程序性保障权利，允许他们代表自己提出《残疾人教

114

137

育法》相关的索赔。温克尔曼诉帕尔马市学区案之所以意义重大，是因为该案确认了对家长的程序性保障保护。该判决还强调了程序性保障的范围，即《残疾人教育法》不仅旨在为残疾儿童提供法律保护和教育福利，还旨在为残疾儿童的父母提供法律保护和福利。

1985 年伯灵顿诉马萨诸塞州教育部案(Burlington v. Massachusetts Department of Education)。迈克尔·帕尼科（Michael Panico）是一名已确诊的残疾学生。在公立学校表现不佳一段时间后，迈克尔的父亲和学校讨论了对他个性化教育计划的修改。学校建议将其安置在有组织的公立学校项目中。然而，迈克尔的父亲获得了一份独立教育评估，该独立教育评估建议将迈克尔安置在一个私立学校项目中。迈克尔的父亲将儿子从公立学校转到私立学校，并要求学区支付学费。学区拒绝支付学费，并提出正当程序申诉。听证官作出了有利于迈克尔父亲的裁决，要求学区支付学费。学区不服裁决，上诉至联邦法院。联邦法院裁决公立学校对迈克尔的安置方案不合适，而私立学校的安置方案合适。法院要求学区支付学费，但不要求学区偿还迈克尔父亲在正当程序听证期间支付的学费。迈克尔的父亲就该裁决向第一巡回上诉法院提起上诉。巡回上诉法院也认为公立学校的安置是不适当的，并命令公立学校支付学费和报销费用。公立学校学区将此判决上诉至最高法院。

伯灵顿诉马萨诸塞州教育部案涉及围绕程序性保障和学费补偿的两个基本问题：（1）《残疾人教育法》是否允许对私立学校的学费和交通费进行补偿？（2）家长拒绝接受个性化教育计划并在未征得学校同意的情况下将孩子送入私立学校，是否剥夺了家长获得补偿的机会？最高法院一致裁定：（1）是的，《残疾人教育法》保证提供免费适当的教育。在某些情况下，公立学校的安置方案可能被认为不合适。如果公立学校不提供适当的安置选择，家长有权单方面将其子女安置到适当的学校，并不为此支付学费。学校有责任确

115

保孩子的适当教育是免费的。最高法院还裁定：（2）不，家长拒绝接受个性化教育计划并不妨碍他们在正当程序听证后寻求补偿。但是，只有当公立学校的安置方案被认为不适当时，家长才有权要求补偿。单方面改变子女安置方案的家长要自担财务风险，但如果法院认为该安置方案最合适，则他们可以获得补偿。

哪里可以找到更多关于程序性保障的信息？

州教育部（State Department of Education）。每个州都有一份程序性保障副本，旨在向家长提供有关其权利的信息。各州之间存在细微的差异（时间表和特定术语），但应包含的基本内容相同。请访问你所在州的教育部门，以获取你所在州程序性保障的副本。

《残疾人教育法》基础信息：调解（IDEA Basics：Mediation）。在这部视频（6分39秒）中，一名特殊教育倡导者和特殊教育律师讨论了调解。视频内容以残疾儿童家长易于理解的方式呈现。以家长友好的方式解释了术语和概念。你可以在此处访问视频：https://www.youtube.com/watch?v=XWKt8QCSlWI。

《残疾人教育法》基础信息：正当程序（IDEA Basics：Due Process）。在这部视频（5分53秒）中，一名特殊教育倡导者和特殊教育律师讨论了正当程序。以家长友好的方式讨论了正当程序听证会的条款和程序。你可以在此处访问视频：https://www.youtube.com/watch?v=_VQfl0iWZYg。

莱特法（www.wrightslaw.com）。有关特殊教育的各种法律主题的综合资源汇编。浏览相关的判例、文章和书籍。有关程序性保障和家长通知的网页，请访问：https://www.wrightslaw.com/info/safgd.index.htm。

关键术语

裁决性：法官或仲裁员对争议问题作出裁决的过程。

个性化家庭服务计划：类似于个性化教育计划，但适用于从出生到 3 岁的儿童。

调解会议：在正当程序听证会开始时举行的强制性会议。

116 **讨论问题**

1. 你认为程序性保障的最重要组成部分是什么？为什么？

2. 如果你是疑似残疾儿童的教师，你会如何处理家长拒绝同意初步评估的情况？

3. 国会为什么要在程序性保障中增加调解会议的要求？

4. 你所在州的程序性保障规定中有哪些独特的程序性保障要求？

5. 独立教育评估的优缺点是什么？

参考文献

Burlington v. Massachusetts Department of Education, 471 U.S. 359 (1985) .

Endrew F. v. Douglas County School District, 137 S. Ct. 988 (2017) .

Honig v. Doe, 479 U.S. 1084 (1988).

Individuals with Disabilities Education Act of 2004, 20 U.S.C. § 1400.

Lake, S. E. (2014). What do I do when ... The answer book on special education practice and procedure (2nd ed.) . LRP Publications.

Letter to Chief State School Officers, 33 IDELR 247 (OSEP 2000) .

Winkelman v. Parma City School District, 550 U.S. 516 (2007) .

Yell, M. L. (2019). The law and special education (5th ed.). Pearson Education.

第三部分
其他问题

第十章
纪律处分

关于行为和纪律的问题，是我在实践中看到的残疾学生接受教育的最大障碍。如果学生因纪律原因被开除，他们就很难接受免费适当的公立教育。

——基思·巴特勒（Keith Butler）
印第安纳州残疾人权利高级律师

每个学生都应该有一个安全的、支持性的和有利于教与学的学校环境。每个老师也都知道，这样的环境既不是自动就有的，也不是能保证的。有效的课堂管理和纪律不仅仅是对不良行为的简单反应。纪律处分应该教会学生认识到他们的行为对他人的影响，并帮助他们学会控制和管理自己的行为（Yell et al., 2001）。纪律是打造和维持一个积极有效的课堂环境的关键。与有不良行为的学生打交道可能是教师工作中最困难的部分之一。尽管所有学生都要遵守学校的规章制度，但是对于残疾学生的停学和开除，却有不同的规定。教师需要了解这些不同的规则，了解某些政策和干预措施背后的目的，例如功能性行为评估（functional behavioral assessment）、行为干预计划（behavior intervention plan）和行为评分量表。在本章中，我们将重点介绍与课堂管理相关的实用技巧，讨论纪律处分的重要问题，并回答如下基本问题：

1. 对残疾学生和非残疾学生的纪律处分有何不同？

2. 纪律处分与免费适当的公立教育有何关系？

120

3. 哪些法规和判例对残疾学生的纪律处分作出了规定？

4. 如何确保纪律处分的程序性和实质性正当程序？

5. 哪里可以找到更多关于残疾学生纪律处分的信息？

对残疾学生和非残疾学生的纪律处分有何不同？

讨论纪律处分问题的具体细节，特别是与残疾学生有关的问题之前，首先讨论为什么学校需要解决纪律处分有关问题背后的基本原理和理由是十分重要的。《美国宪法》第五和第十四修正案规定，要保护学生（包括残疾学生）不受未经正当法律程序而展开的自由或财产剥夺。然而，对于学生来说，学校应该是一个安全的地方，他们可以专注于学术学习和社交 / 情感成长。因此，学校需要有权对被认为具有破坏性的行为实施制裁或处罚。由于需要安全和平静的学习环境，州和地方学校董事会通常在运营公立学校方面享有相当大的自由裁量权。

与学校惩戒学生权有关的一个拉丁短语是 in loco parentis（即代职家长）。In loco parentis 是英国普通法的一个概念，根据这一概念，个人代替父母承担起权利、责任和义务。

根据 "代职家长" 的职权，校长和教师不仅有权教育孩子，还有权指导、纠正和管教孩子，以实现教育目标（Smith & Yell,

2013）。当孩子在学校时，"代职家长"并不能将家长的权利完全转移给教师；但是，它确实允许教师通过合理审慎地管理学生来维持一个有序有效的学习环境（Yell，2019）。关于处分程序，"代职家长"授权学校要求学生遵守合理的规则和命令，并尊重他人的权利。正如你可能已经猜到的那样，"合理"的定义多年来在法庭上引起了许多争论。

无论残疾与否，学生都应遵守校规和上级指示，以维护安全和有利的学习环境。残疾学生在这方面也不能例外。奥斯本和鲁索（Osborne and Russo，2009）表示，学校管理人员经常抱怨说，由于《残疾人教育法》规定了双重标准，残疾学生可以免受纪律处分。事实并非如此。残疾学生不能免于纪律处分。然而，《残疾人教育法》确实为残疾学生提供了额外的程序性和实质性保护，部分原因是学生的行为可能与其残疾有关。教师不会训斥或惩罚一名因视力障碍而看不到教室前方的学生。教师会通过将课桌移到教室前面、建议进行视力评估以获得矫正镜片或采取其他行动来帮助该学生。对于可能作出不当行为的其他残疾学生（如情绪和行为障碍），也必须采取同样的措施。由于残疾学生有权获得免费适当的公立教育，《残疾人教育法》要求学校在处理学生个性化教育计划中的问题行为时更加积极主动，并遵循一定的程序性保障。

纪律处分与免费适当的公立教育有何关系？

根据第五和第十四修正案，所有学生都享有正当程序权。因此，在涉及学校实施纪律处分的方法和程序的公正性方面，所有学生都享有程序性的正当程序保障。此外，所有学生都享有实质性的正当程序保障，这涉及纪律处分程序的合理性（Valente & Valente，

2005)。然而，这些正当程序权利仅适用于剥夺自由或财产的情况。学校在制定规则和程序方面拥有广泛的权力，这意味着第五和第十四修正案规定的正当程序挑战很少发生。然而，残疾学生在《残疾人教育法》下享有额外的正当程序保障，因为他们被保障获得免费适当的公立教育。当残疾学生被停学或开除时，免费适当的公立教育条款就成了一个纪律处分问题，因为不在学校的学生无法获得免费适当的公立教育。

美国教育部最近明确表达了他们的观点：

> 教育部鼓励营造安全、支持性和有利于教学的学校环境，在这样的环境中，教育工作者通过积极支持和应对学生的行为，主动避免短期纪律处分。在确保提供免费适当的公立教育时，实施纪律处分的权力并不否认他们有义务考虑儿童行为需求的影响以及使用停学（和其他短期处分）的效果。（United States Department of Education，Office of Special Education Programs，2016，第 2 页）

在美国最高法院关于纪律处分的一个开创性案例 [1975 年高斯诉洛佩斯案（Goss v. Lopez）] 中，法院裁决所有学生在停学情况下至少有权获得最低限度的正当程序保障。法院设定的标准是，停学十天或更短时间构成短期停学。短期停学需要最低限度的正当程序保障，如书面或口头通知停学原因，以及学生有机会对指控作出回应。法院宣布，任何超过十天的停学都等同于长期停学，需要额外的正当程序保障，例如有证人和证据的听证会、与证人对质和提出自己的证人的权利，以及申诉的权利。对于短期停学（十天或十天以下），除高斯诉洛佩斯案的裁决所提供的保护外，残疾学生没有任何额外的程序保护（Norlin，2007）。任何超过十天的停学，无论是连续停学还是累计停学，对残疾学生来说都被视为改变了安置。

《残疾人教育法》规定在改变安置时，除高斯诉洛佩斯案的要求外，还要提供额外的正当程序保障。《残疾人教育法》的规定并不是为了保护残疾学生免受长期停学；相反，它们是为了保护学生免受不公平或错误的停学。

正如第七章最少限制环境所述，学生的教育安置是由个性化教育计划小组决定的。最少限制环境安置决定要求召开个性化教育计划会议，听取家长的意见并审查学生的教育需求。学生教育安置的变更（尤其是变更为限制性更强的最少限制环境）不能由学校独立作出。因此，如果建议连续或累计停学十天，个性化教育计划小组必须召开会议，讨论是否有必要改变教育安置。如果认为停学是适当的，那么个性化教育计划小组必须决定如何为学生提供特殊教育及相关服务。被停学的残疾学生仍然有权获得免费适当的公立教育。

在因长期停学而改变学生安置之前，个性化教育计划小组必须采取的另一项措施是确定学生的不当行为是否因其残疾所致。根据第504条和《残疾人教育法》，残疾学生不得受到歧视。这意味着学生不能因其残疾而遭受不公平的纪律处分程序。因残疾导致的行为而让学生停课是歧视性的，也是非法的。回到视力障碍学生的例子。试想，如果学校因为学生无法从教室后面阅读指示导致无法完成数学作业而对其进行纪律处分，任何人都会认为这是荒谬的。对于有其他残疾并导致不良行为，甚至违反校规的学生来说，情况肯定也是如此。为了确保学生不是因为其残疾而被停学，在停学之前，个性化教育计划小组必须完成行为判定。

根据2004年《残疾人教育法》，在决定因违反学生行为准则而改变残疾儿童安置后的十个学日内，必须召开行为判定会议。个性化教育计划小组成员必须审查学生档案中的所有相关信息，包括学生的个性化教育计划、所有教师的观察结果以及家长提供的所有相关信息，以确定（a）所涉行为是否由学生的残疾引起，或与学生的残疾有直接和实质性的关系；或（b）有关行为是不是因学校未能实施个性化教育计划而直接导致的结果。

如果会议认定学生的行为与其残疾有关，则不能对其实施长期停学。如果学生的行为与其残疾无关，则可对其进行长期停学并改变其安置。然后，个性化教育计划小组必须确定如何在学生新的最少限制环境安置中继续提供特殊教育服务。在这两种情况下，个性化教育计划都必须进行功能性行为评估，以确定引起问题行为的原因（OSEP questions and answers, 1999）。一旦确定了行为的原因，个性化教育计划小组就可以制定行为干预计划，以满足学生的行为需要。

总结一下残疾学生纪律处分方面经常不明确的问题：残疾学生必须遵守校规，并且可以像非残疾学生一样因轻微违规而受到纪律处分。残疾学生可以像非残疾学生一样被短期停学，最多不超过连续十天或累计十天。在一学年内，如果残疾学生连续或累计停学超过十天，则被视为改变安置，需要召开行为判定会议并经个性化教育计划小组同意。如果改变了安置，则必须在学生的新安置中提供免费适当的公立教育（即继续为学生提供特殊教育服务）。此外，个性化教育计划小组必须进行功能性行为评估以确定行为的原因，然后制定行为干预计划以解决有问题的行为。

哪些法规和判例对残疾学生的纪律处分作出了规定？

1988 年霍尼格诉多伊案（Honig v. Doe）。在 2004 年《残疾人教育法》中，有一项被称为"保持现状"（stay-put）的规定。保持现状条款要求残疾学生在完成任何审查或正当程序诉讼之前（除非儿童的父母和学校同意搬迁），继续留在其当前的最少限制环境安置中。在霍尼格诉多伊案中，保持现状条款在法庭上受到质疑。

约翰·多伊（John Doe）是一名残疾学生，很难控制自己的冲动。一天，多伊被同学取笑，并以殴打该同学和打破学校窗户作为回应。在学校考虑开除多伊的同时，多伊被停学。多伊依据《残疾人教育法》提起诉讼。另一所学校的另一名学生杰克·史密斯（Jack Smith）因残疾导致行为问题。史密斯有破坏性行为，最终被无限期停学，等待听证。史密斯也根据《残疾人教育法》提起诉讼。由于两起诉讼相似，两人将诉讼合二为一。

学生们请求法院要求学校根据《残疾人教育法》中的保持现状条款允许他们返回学校。地区法院同意学生们的意见，即他们需要在正当程序期间留在目前的安置场所，并裁决学校不得因学生与残疾有关的不当行为而无限期停课。学校就此裁决向第九巡回上诉法院提起上诉，上级法院维持原判。学校随后将裁决上诉至最高法院。

最高法院在六比二的裁决中宣布学生胜诉，《残疾人教育法》的保持现状条款阻止了学校无限期地停学因残疾相关不当行为而危及其他学生的学生，从而肯定了保持现状条款。然而，最高法院的裁决并没有让学校管理者在处理危险学生时没有任何选择。最高法院指出，学校可以在不考虑改变安置的情况下让学生停课长达十天。在这十天内，学校管理人员可以召开个性化教育计划会议，"设法说服儿童的父母同意临时安置"（Honig v. Doe，第 605 页）。如果学生确实很危险，而家长拒绝改变安置，学校可以立即寻求法院的帮助。学校可以辩称，通过《残疾人教育法》的正当程序听证机制来改变学生的安置过于缓慢，而且该学生目前的安置"极有可能"对他人造成危险。法院可以根据学生可能造成的危险，下达禁令，要

124

求推翻保持现状条款的规定。

特殊情况。学校管理者可单方面禁止有三种特殊违规行为的残疾学生上学，最长不超过四十五天：

1. 学生在学校、校舍或学校活动场所携带、持有或获取武器。

2. 学生在明知的情况下，在学校、校舍或学校活动场所持有、使用或出售非法药物，或出售管制药物。

3. 学生在学校、校舍或学校活动场所对他人造成严重的身体伤害。

如果学生因上述违规行为之一而被学校开除，则必须将其安置在临时替代教育环境（interim alternative educational setting）中，使其能够继续根据个性化教育计划接受特殊教育服务。

如何确保纪律处分的程序性和实质性正当程序？

程序性正当程序。除非考虑长期停学，否则残疾学生关于纪律处分的正当程序与非残疾学生的并无太大区别。学校有权对违反校规的残疾学生进行纪律处分，就像对其他学生一样（如计时隔离、留堂、短期停学、家长会、取消特权等）。如果学校考虑长期停学，残疾学生的正当程序与非残疾学生不同。

在长期停学（连续或累计十天）之前，个性化教育计划小组必须召开会议，进行行为判定，以评估导致长期停学的行为是否因学生的残疾所致。如果该行为与学生的残疾有关，则不能选择长期停学。该小组必须进行功能性行为评估，以确定学生行为的功能，并制定行为干预计划，以应对学生未来可能出现的不良行为。图10.1列出了进行功能性行为评估时需要考虑的步骤。

实质性正当程序。从实质上讲，通常很难确定学生的行为是否

第一步	用清晰、具体、可衡量的方式识别和定义问题行为。
第二步	与个性化教育计划小组成员合作,确定行为发生的时间。
第三步	通过观察学生和使用前因、行为、后果(ABC)突发数据收集方法,收集目标行为的数据。
第四步	确定目标行为的功能是感觉寻求、获得关注、逃避还是获得实物。

图 10.1 进行功能性行为评估的步骤

与其残疾有关。因此,《残疾人教育法》明确规定,个性化教育计划小组应积极主动地处理学生的不当行为。个性化教育计划小组必须制定个性化教育计划目标和行为干预计划,以强化适当的行为并减少不适当的行为,而不是等待行为问题反复出现或升级为考虑长期停学的情况。

积极的行为干预和支持(Positive Behavioral Interventions and Support)是主动改善学生行为的理念和工具。 积极的行为干预和支持的核心是相信教师可以向所有孩子传授适当的行为规范。一旦确定了学生不当行为的功能,就可以实施干预措施来取代不当行为并强化适当行为。积极的行为干预和支持的一些重要组成部分是:

● 尽早开始。不要等到问题行为继续或升级。

● 多层次支持。将支持级别与学生的个人需求相匹配。一些学生需要低强度的支持;一些学生需要高强度的支持。

● 使用研究。基于研究、有证据支持和科学验证的干预措施为有效改变行为提供了机会。

● 收集数据。确定学生是否正在进步的唯一方法是通过数据收集来监测学生的进度。

● 使用数据作出决策。基于数据来决定学生对干预措施的反应是积极的行为干预和支持的核心。如果学生没有取得足够的进步,就应调整支持水平或实施新的循证实践。

表现出妨碍自己或他人学习的问题行为的残疾学生必须在其个性化教育计划中制定行为目标（U.S. Department of Education, 2016）。行为目标必须以功能性行为评估为基础，并涵盖积极主动的策略，包括积极的行为干预和支持，以解决问题行为。与个性化教育计划中的学业目标类似，《残疾人教育法》并不保证实现行为目标的任何具体进展水平。但是，作为一项法律合同，行为目标必须以善意的努力来实现（见第六章）。如果进展监测表明，为解决有问题的行为而实施的干预措施不起作用，个性化教育计划小组必须尝试更多的干预措施。学校必须不断尝试基于证据的干预措施，并将这些尝试记录在案，以善意地执行学生的个性化教育计划。当一个学生的行为问题在相当长的一段时间内没有被发现或被忽视时，学校就会在学生纪律处分的实质性正当程序方面遇到法律麻烦。如果学校多次对残疾学生实施停学，但不召集个性化教育计划小组进行功能性行为评估、制定行为干预计划并在学生的个性化教育计划中增加行为目标，则可能会违反免费适当的公立教育的正当程序。我们鼓励学校与家长合作，及早发现问题行为，积极主动地实施策略，对干预效果进行进度监测，并根据需要进行调整。

哪里可以找到更多关于残疾学生纪律处分的信息？

积极行为干预与支持中心（Positive Behavioral Interventions & Supports, www.pbis.org）。积极行为干预与支持中心是一个由联邦政府资助的网站，该网站（a）提供技术援助，鼓励大规模实施积极的行为干预和支持；（b）提供组织模式、示范、传播和评估工具，这些都是在各种情况下更深入、更有效地实施积极的行为干预和支持所必需的；以及（c）将实施积极的行为干预和支持的经验教训推广到更广泛的教育改革中。

《残疾人教育法》纪律处分问答（IDEA Questions and Answers on Discipline）。2009 年，美国教育部发布了一份文件，为残疾学生的纪律处分政策提供指导。该文件回答了以下问题：在何种情况下，个性化教育计划小组必须使用功能性行为评估和行为干预计划？该文件可在这里找到：https://www2.ed.gov/ policy/speced/guid/idea/discipline-q-a.pdf。

行动的伙伴，赋权的声音（Partnerships for Action，Voices for Empowerment，www.wapave.org）。为残疾学生家长和教育工作者提供的资源。该视频（23 分 27 秒）面向残疾儿童的家长，提供了有关纪律处分方面的法律保护和程序的信息。该视频和其他资源可在以下网址获取：https://wapave.org/behavior-and-discipline-in-special-education-what-to-do-if-the-school-calls-because-of-a-behavior-incident/。

关键术语

行为干预计划：根据《残疾人教育法》的要求，以功能性行为评估的结果为基础制定的计划，其中包括针对令人担忧的行为的干预策略。

改变安置：学生的最少限制环境安置发生变化。

功能性行为评估：《残疾人教育法》规定的一种程序，用于确定学生做出特定行为的原因。

In loco parentis：拉丁语，意为"代职家长"。这是普通法赋予学校监督和教育在校儿童的特殊权力。

禁令：强制一方实施或不实施特定行为的司法命令。

行为判定：根据《残疾人教育法》的要求，确定学生的行为是

127

否与残疾有关（即由残疾引起）的过程。

保持现状条款：《残疾人教育法》的一个组成部分，要求学生在正当程序诉讼之前，留在其当前的教育安置中。

讨论问题

1. 残疾和非残疾学生的纪律处分的主要区别是什么？

2. 为什么"代职家长"是一个重要的教育概念？

3. 作为一名特殊教育教师，如果你的学生有严重的行为问题，你应该怎么办？

4. 什么是《残疾人教育法》中的保持现状条款，为什么要将其写入法律？

5. 学校如何实施积极的行为干预和支持？ 为什么积极的行为干预和支持很重要？

参考文献

Goss v. Lopez, 419 U.S. 565（1975）.

Gun-Free Schools Act of 1994 (Pub. L. 103—382, Title I, § 101, October 20, 1994, 198Stat. 3907).

Honig v. Doe, 56 S.Ct. 27（1988）.

Individuals With Disabilities Education Act, 20 U.S.C. §§ 1400 et seq.（2006 & Supp. V. 2011）.

Norlin, J. W.（2007). What do I do when: The answer book on discipline（4th ed.). LRP Publications.

Osborne, A. G., & Russo, C. J.（2009). Discipline in special education. Corwin Press.

OSEP questions and answers.（1999, March 12). Federal Register, 64（48）, 12, 617—12, 632.

Rehabilitation Act of 1973, Section 504 Regulations, 34 C.F.R § 104.1.

Smith, S. W., & Yell, M. L. (2013). Preventing problem behavior in the classroom. Mer-rill/Pearson Education.

U.S. Department of Education (2016). Guidance on discipline. Office of Special Education Programs, https://www2.ed.gov/policy/gen/guid/school-discipline/files/corpo-ral-punishment-dcl-11-22-2016.pdf.

Valente, W. D., & Valente C. (2005). Law in the schools (6th ed.). Merrill/Prentice Hall.

Yell, M. L. (2019). The law and special education (5th ed.). Pearson Education.

Yell, M. L., Rozalski, M. E., & Drasgow, E. (2001). Disciplining students with disabilities. Focus on Exceptional Children, 33 (9), 1—20.

第十一章
过渡和相关服务

> 我们为学生提供的过渡服务是他们从学术生涯成功转向社
> 会或职业生涯的基础。

——萨曼莎·勒卢克斯（Samantha Leloux）

特拉华州特殊教育教师

《残疾人教育法》提供从出生到3岁的幼儿服务（C部分）和从3岁到21岁或高中毕业的特殊教育服务（B部分）。然而，有些残疾学生需要额外的服务才能从特殊教育服务中受益。这些额外服务属于相关服务的范畴，必须提供以确保免费适当的公立教育。但是，当残疾学生从高中毕业或到了不受《残疾人教育法》保护的年龄时，他们会怎样呢？从K-12阶段的学校教育过渡到高等教育、生活和职业生涯，对学生或家长来说都是一种令人焦虑的经历。值得庆幸的是，《残疾人教育法》中规定了明确的程序来应对学生最后几年的教育问题，以帮助学生顺利过渡。在本章中，我们将讨论过渡和相关服务，并回答如下基本问题：

1. 什么是过渡服务？

2. 过渡服务与免费适当的公立教育有什么关系？

3. 哪些法规和判例规定了过渡服务？

4. 什么是相关服务？

5. 相关服务与免费适当的公立教育有何关系？

6. 哪里可以找到更多关于过渡服务和相关服务的信息？

什么是过渡服务？

　　特殊教育教师在帮助残疾学生为成人生活做好准备方面发挥着至关重要的作用。在高中毕业或年满 21 岁之前，残疾学生受到《残疾人教育法》的保护。正如我们在本书中所探讨的，《残疾人教育法》是一个全面的、以学校为基础的支持系统，为学生及其家庭提供了许多法律保护。高中毕业意味着残疾学生及其家庭不再受到《残疾人教育法》的保护。该学生已步入成年，将受到其他残疾立法的法律保护。正如第三章所讨论的，1990 年的《美国残疾人法》和 1973 年的《康复法》第 504 条为所有年龄段的残疾人士提供法律保护；但是，其支持程度低于《残疾人教育法》。有必要让学生及其家庭做好准备，了解这些变化，同时在高中阶段得到支持。

　　从法律上讲，过渡计划是一个过程，在高中结束前的一段有限时间内正式进行，从 16 岁开始（有些州规定的年龄更低；我们将在本章中使用联邦规定的 16 岁）。不过，教育工作者应在小学、初中和高中早期就考虑过渡计划，为取得有效成果铺平道路。过渡服务的最终目标是让学生为离校生活和《残疾人教育法》之后的生活做好准备。根据 2004 年《残疾人教育法》，过渡服务是：

在以结果为导向的过程中为学生设计的一整套协调活动，促进学生从学校走向离校活动，包括高等教育、职业培训、综合就业（包括辅助就业）、继续教育和成人教育、成人服务、独立生活或社会参与。一整套协调的活动应基于学生的个人需求，同时考虑到学生的偏好和兴趣，并应包括教学、社会体验、就业和其他离校后成人生活目标的发展，以及在适当的时候，日常生活技能的学习和功能性职业评估。

出于对特殊教育学生离开学校环境后无法适应成人生活和承担成人责任的担忧，美国国会在《残疾人教育法》中增加了过渡服务的内容（Norlin，2010）。每个残疾学生的个性化教育计划必须自学生年满 16 周岁（或个性化教育计划小组认为可以更早）时就涉及过渡服务要求，此后必须每年更新。个性化教育计划必须包括：

1. 根据与培训、教育、就业以及独立生活技能相关的适龄过渡评估，制定适当的可衡量的中学后目标。

2. 帮助残疾学生实现这些目标所需的过渡服务（包括学习课程）。

特定的中学后目标和活动将根据学生的个人需求制定。因此，为实现适当的过渡目标而开展的学习课程或活动可能会有很大的不同。表 11.1 提供了一系列符合培训、教育、就业和独立生活技能领域的示例目标和活动。

131

表 11.1　中学后的过渡目标和服务

领　域	中学后的目标	过渡服务/活动
培训/教育	学生将接受与儿童打交道的在职培训。	学生将参加职业中心的幼儿体验计划。
就业	学生将在技术领域工作。	学生将考察两到三所提供信息技术认证或学位的大学。

158

续表

领　域	中学后的目标	过渡服务/活动
独立生活	学生将住在家里，每天准备简单的饭菜和点心。	学生每周将在教室做饭，以练习烹饪各种简餐和点心。

过渡服务与免费适当的公立教育有什么关系？

过渡服务与免费适当的公立教育有关，有程序性和实质性要求。根据莱克（Lake, 2002）所述，学校常犯的四个程序性错误是：（1）在16岁或以上学生的个性化教育计划中没有涉及过渡服务；（2）学校在个性化教育计划会议上没有包括所需的过渡参与者；（3）没有告知学生家长过渡计划的作用；（4）过渡计划没有包括一套协调的活动来帮助学生实现其毕业后的目标。

从实质上讲，个性化教育计划中的过渡服务是为了：（a）在个性化教育计划过程中注入更长远的视角；（b）帮助每个学生从学校环境有意义地过渡到离校后的环境，这可能包括继续教育、就业或独立生活；以及（c）帮助学生更好地发挥他们作为成年人的潜能（Prince et al., 2013）。为确保过渡服务符合免费适当的公立教育要求，最关键的要素是个性化。每个学生都有独特的偏好和教育需求。如果学校制定的过渡计划极少或毫无意义，法院很快就会裁决学校违反了免费适当的公立教育的规定。

建议采用的一种方法是，通过中学后的学校成果来审视一切，从而制定出一个实质上符合要求的过渡计划。中等教育毕业后的成果目标陈述"一般理解为学生离开中学后希望实现的目标"（IDEA, 2004）。过渡计划应该是一个以学生为主导的过程；因此，让学生（和家长）参加个性化教育计划会议至关重要。过渡活动和服务必

132

须超出任何学生通过普通教育所能获得的范围（例如，由学校辅导员提供的职业搜索或大学信息）。当学生年龄较小时，过渡规划可能比较模糊。例如，八年级学生的过渡目标可能是：放学后，马修（Matthew）将从事与汽车有关的全职工作。但是，一旦马修临近毕业，他的过渡目标就应该变得更加具体。例如，高中毕业后，马修将进入 ABC 汽车技术学校学习，为从事机械师职业做好准备。与个性化教育计划的学业目标类似，过渡目标也必须具体、可衡量且可实现，这样才能在实质上符合要求。

哪些法规和判例规定了过渡服务？

1995 年扬克顿学区诉施拉姆案（Yankton School District v. Schramm）。 特蕾西·施拉姆（Tracy Schramm）是扬克顿高中的一名高中生。她患有脑性瘫痪，自进入公立学校以来一直在肢体障碍类别下接受特殊教育服务。特蕾西没有任何智力或学习障碍。在特蕾西九年级结束时，她顺利完成了适应性体育教育。扬克顿学区在九年级以后没有再提供体育教育。随后，扬克顿学区召开了一次个性化教育计划会议，并通知特蕾西的父母，她不再符合特殊教育服务的条件，因为她不需要体育课的辅导。此外，在特蕾西的个性化教育计划的所有过渡领域，学校都写上了"不适用"。特蕾西的父母不同意学校的决定，并申请了正当程序听证。考虑到特蕾西的行动不便，施拉姆夫妇希望她能接受过渡服务，以方便她从高中毕业后离家独立生活，特别是考虑到特蕾西想上大学的愿望。学校认为，特蕾西的肢体障碍并没有影响她的学习成绩，因此她不需要特殊教育服务。

这场诉讼最终打到了第八巡回上诉法院，法官们裁决支持特蕾西和施拉姆家族。法院强烈谴责扬克顿学区为特蕾西提供的微不足道且无意义的过渡服务。裁决强调与父母和学生合作全面执行个性化过渡计划的重要性。

2014 年杰斐逊县教育委员会诉洛丽塔 S. 案（Jefferson County Board of Education v. Lolita S.）。M. S. 是一名有学习障碍的高中生。在一次个性化教育计划会议上，M. S. 的父母审查了他的个性化教育计划，并注意到除其他学业目标外，过渡目标并不是个性化的，其中包括模板式的文字。事实上，有些目标包含了另一个学生的名字，这表明这些文字是从另一个个性化教育计划复制粘贴而来。也没有证据表明学校进行了过渡评估，以制定个性化的中学后目标和过渡服务。M. S. 的父母提起了正当程序听证，声称学校剥夺了他们的免费适当的公立教育。

在听证官和地区法院作出有利于 M. S. 的裁决以及杰斐逊县教育委员会的连续上诉之后，第十一巡回上诉法院维持了下级法院的裁决。第十一巡回上诉法院裁决，缺乏个性化的过渡计划剥夺了 M. S. 的免费适当的公立教育。此外，描述 M. S. 中学后教育目标的语言含糊，如"学生将为参加高等教育做好准备"，是非常不恰当的。

法院一致认为，在过渡计划和服务方面的程序性和实质性违规行为构成对免费适当的公立教育的拒绝。重要的是，过渡计划应被视为学生个性化教育计划的重要组成部分，不应被忽视。所有学生都将在某个阶段脱离《残疾人教育法》的保护，因此，学校必须尽其职责帮助学生更好地发挥其作为成年人的潜能。

133

什么是相关服务？

2004 年《残疾人教育法》规定，残疾学生有资格接受特殊教育和相关服务，以便在最少限制环境中获得免费适当的公立教育。在前几章中，我们主要讨论了特殊教育服务，即专门设计的教学，以提供教育效益。然而，有些学生可能需要特殊教育服务以外的相关服务。提供相关服务是为了让残疾学生从特殊教育服务中受益。2004 年《残疾人教育法》对相关服务的定义如下：

> 相关服务是指为帮助残疾儿童从特殊教育中受益所需的交通以及发展性、矫正性和其他支持性服务，包括语言病理学和听力服务、口译服务、心理服务、物理和职业治疗、娱乐（包括治疗性娱乐）、儿童残疾的早期识别和评估、咨询服务（包括康复咨询）、定向和移动服务，以及以诊断或评估为目的的医疗服务。相关服务还包括学校保健服务和校医服务、学校社会工作服务以及家长咨询和培训。

联邦法规提供了一份相关服务清单，但该清单只是示例性的，而不是详尽无遗的。有许多服务可能符合《残疾人教育法》的相关服务规定。需要记住的重要一点是，该服务是否使学生有更多的机会获得特殊教育服务并从中受益。当向残疾学生提供相关服务时，这些服务必须包含在学生的个性化教育计划中，并且必须免费提供。

有些相关服务需要目标、计划和进度监测。例如，需要物理治疗的学生将根据自身情况努力取得适当的进步。其他相关服务，如上下学交通，则不需要目标和进度监测，但所有相关服务都必须在个性化教育计划中具体说明：(a) 何时开始提供服务，(b) 提供的频率和时间，以及 (c) 提供的地点。

134

相关服务与免费适当的公立教育有何关系?

作为《残疾人教育法》的一项法律规定,相关服务在程序上和实质上都与免费适当的公立教育有关。相关服务是个性化教育计划的一个组成部分;因此,在制定个性化教育计划时,所有的程序要求都与相关服务有关。对学生的评估必须全面,并探讨是否需要任何相关服务。家长必须参与个性化教育计划会议有关相关服务需求的讨论。如果相关服务已被确定并纳入学生的个性化教育计划,则必须按照个性化教育计划中的规定,善意地实施相关服务。最后,对学生相关服务的任何更改都必须在个性化教育计划会议上达成一致。

从实质上讲,相关服务的提供是对学生所接受的特殊教育服务的补充。如果没有特殊教育服务的配合,相关服务是绝对无法提供的(Pitasky,2000),这意味着在考虑相关服务之前,学生必须首先有特殊教育服务需求(Tatgenhorst et al.,2014)。服务的类型和程度由个性化教育计划小组根据学生的个人需求决定。与其他特殊教育服务类似,个性化教育计划小组应遵守最高法院关于何为适当教育的指导意见。根据恩德鲁·F. 案的裁决,《残疾人教育法》规定的实质性义务是,学校必须提供经过合理计算的个性化教育计划,以使儿童能够根据自身情况取得适当的进步。相关服务也必须在实质上遵循这一指导。

1984 年欧文独立学区诉塔特罗案(Irving Independent School District v. Tatro)。欧文独立学区诉塔特罗案是最高法院第一个涉及相关服务的案例。这一开创性的判例并没有深入审查相关服务和免费适当的公立教育的程序性和实质性要求。相反,这一重要案件探讨了免费适当的公立教育中的"免费"一词，以及学校在多大程度上需要支付相关服务的费用。

安伯·塔特罗（Amber Tatro）出生时患有脊柱裂。由于先天性脊柱裂，安伯患有神经源性膀胱，基本上无法自行排空膀胱。为了防止安伯的肾脏受到进一步伤害，医生给她开了清洁间歇导尿术（clean intermittent catheterization）的处方，每三到四小时进行一次。由于安伯患有脊柱裂残疾，她有资格接受特殊教育服务，并获得了一份个性化教育计划。但是，她的个性化教育计划并未将清洁间歇导尿术程序列为相关服务。安伯的父母向学校提出申请，要求将清洁间歇导尿术程序作为一项相关服务，因为没有该程序，安伯就无法获得特殊教育服务。在寻求正当程序听证未果后，塔特罗夫妇向联邦地区法院提起上诉，但同样败诉。地区法院裁决清洁间歇导尿术是一种医疗程序。医疗程序不属于《残疾人教育法》的相关服务授权范围。塔特罗夫妇向第五巡回上诉法院提起上诉，上诉法院推翻了下级法院的裁决，判塔特罗夫妇胜诉。第五巡回上诉法院裁决，清洁间歇导尿术程序属于支持性（相关）服务，而非医疗服务。因此，学校必须将清洁间歇导尿术程序免费纳入安伯的个性化教育计划。欧文独立学区就该裁决向最高法院提起上诉。

最高法院需要回答的基本问题是：什么是相关服务（《残疾人教育法》要求的）以及什么是医疗服务（《残疾人教育法》没有要求的）？ 最高法院裁决塔特罗胜诉，清洁间歇导尿术属于相关服务，为了给下级法院提供指导，最高法院指出，如果符合以下三个标准，则《残疾人教育法》将某一特定服务视为相关服务：(1) 学生必须符合《残疾人教育法》的规定，(2) 该服务必须是帮助学生从特殊教育中受益所必需的，以及 (3) 该服务必须由护士或其他合格人员提供（医生提供的服务除外）。

最后一个标准被称为"明确标准测试"，涉及一项服务被认为是支持性的还是医疗性的。根据最高法院的说法，如果必须由医生提供服务，学校不负责支付和提供服务。如果非医生可以提供服务，那么学校就有责任提供服务。虽然安伯需要的清洁间歇导尿术本质上是医疗性的，但手术实际上相当简单，合格的学校护士很容易就能完成。由于不要求医生执行清洁间歇导尿术，因此该程序是一项相关服务，并且《残疾人教育法》要求确保安伯的免费适当的公立教育。

哪里可以找到更多关于过渡服务和相关服务的信息？

《残疾人教育法》(Individuals with Disabilities Education Act)。《残疾人教育法》第 300.34 条对相关服务的条款和服务进行了定义和描述。查阅该法规将提供一个相关服务的说明性清单：https://sites.ed.gov/idea/regs/b/a/300.34。

美国教育部(Department of Education)。特殊教育和康复服务办公室已经创建了一份过渡指南，以明确有关过渡服务和残疾学生中学后的教育和就业的法律要求。该指南可在以下网址找到：https://www2.ed.gov/about/offices/list/osers/transition/products/postsecondary-transition-guide-august-2020.pdf。

国家劳动力与残疾人合作组织(National Collaborative on Workforce and Disability, www.ncwd-youth.info)。一个旨在帮助各州和地方劳动力发展系统更好地为残疾青年提供服务的资源平台。

国家过渡技术援助中心(National Technical Assistance Center on Transition, www.transitionta.org)。国家过渡技术援助中心提供各种主题的资源工具箱，涉及残疾学生的中等教育和服务，以及与改善这类教育和服务相关的能力建设。这些工具箱提供有关特定主题的

136

概述、分步骤指导和资源。

IRIS 中心(www.iris.peabody.vanderbilt.edu)。IRIS 中心是一个致力于通过采用有效的循证实践和干预措施来改善所有儿童教育成果的国家中心。IRIS 中心有多个模块、案例研究以及过渡和相关服务方面的专业发展活动。

关键术语

模板：可以重复使用而无需进行重大更改的书面文本。

明确标准测试：明确表述且易于遵循的规则。

讨论问题

1. 为什么过渡服务和相关服务是《残疾人教育法》的重要规定?

2. 个性化教育计划团队应如何确保提供符合法律规定的过渡服务?

3. 还有哪些判例对最高法院就相关服务所确立的明确标准测试提出了挑战?

4. 为什么残疾学生及其家庭必须为过渡做好准备?

5. 《残疾人教育法》和《美国残疾人法》之间有哪些区别?

参考文献

Individuals with Disabilities Education Act of 2004, 20 U.S.C. §§ 1400.

Irving Independent School District v. Tatro, 468 U.S. 883 (1984).

Jefferson County Bd. of Educ. v. Lolita S. ex rel. M.S., 64 IDELR 34 (11th Cir.

2014).

　　Lake, S. E. (2002). IEP procedural errors: Lessons learned, mistakes to avoid. LRP Publications.

　　Norlin, J. W. (2010). Postsecondary transition services: An IDEA compliance guide for IEP teams. LRP Publications.

　　Pitasky, V. M. (2000). The complete OSEP handbook. LRP Publications.

　　Prince, A. M., Katsiyannis, A., & Farmer, J. (2013). Postsecondary transition under IDEA 2004: A legal update. Intervention in School and Clinic, 48 (5), 286—293.

　　Tatgenhorst, A., Norlin, J. W., & Gorn, S. (2014). What do I do when ... The answer book on special education law. (6th ed.). LRP Publications.

第十二章
特殊教育中的保密性

保密性在特殊教育中非常重要,因为它涉及教职员工、学生和家庭之间的承诺,即他们的教育将得到保护。

——安吉·吉尔伯特(Angie Gilbert)

爱达荷州特殊教育教师

1974 年以前,家长查阅教育记录的权利经常被剥夺。学校不愿意让家长查阅,因为这样做既费时又费钱,而且允许公众监督还会增加学校的责任(Yell, 2019)。此外,学生档案往往在不考虑学生私密的情况下提供给第三方(McCarthy et al., 2013)。美国国会认识到了这一问题,并制定了 1974 年《家庭教育权与隐私权法》(Family Educational Rights and Privacy Act)来解决保密问题。不久之后,1975 年《全体残障儿童教育法》获得通过,《家庭教育权与隐私权法》的保密性条款也被纳入法律。现在,学生信息保密性已成为《残疾人教育法》的重要组成部分。因此,为了确保教育专业人员了解他们对学生档案、记录和身份识别信息的责任,已经制定了许多相关的法律、法规和判例法。在新冠疫情期间，保密性尤为重要，因为与《家庭教育权与隐私权法》相关的指导原则是美国教育部撰写的首批内容之一（U.S. Department of Education，2020）。在本章中，我们将讨论特殊教育中的保密性问题，并回答如下基本问题：

1. 什么是保密性？
2. 哪些法律与保密性有关？
3. 保密性与免费适当的公立教育有何关系？
4. 哪些法规和判例规定了残疾学生的保密性？
5. 哪里可以找到更多关于保密性的信息？

138

什么是保密性？

保密性的基本原则与隐私和尊重他人意愿有关。如上文所述，在 1974 年之前，家长通常不被允许查看其子女的教育记录，这些记录却不对第三方保密。

当父母不能查看其子女的记录，而陌生人却可以查看时，该系统显然存在问题。国会希望修正这一问题，因此纽约州的詹姆斯·巴克利（James Buckley）提出了一项名为"巴克利修正案"的法律，旨在（a）确保家长和学生可以查阅他们的教育记录，以及（b）保护学生的隐私权，未经同意不得公开记录（Bathon et al.，2017）。因此，特殊教育的保密性是双管齐下的。它赋予家长查阅子女教育记录的权利，也赋予学生记录隐私权。

哪些法律与保密性有关？

《家庭教育权与隐私权法》是确定所有学生（不仅仅是残疾学生）教育保密性的主要法律来源。《家庭教育权与隐私权法》由五个部分组成（图 12.1）。任何接受联邦财政援助的公立或私立学校都必须遵守《家庭教育权与隐私权法》的规定。有五个基本要求：

覆盖范围

- 接受任何类型联邦资助或指导的任何教育机构。

目的

- 允许家长查阅与其子女有关的教育记录。禁止向第三方披露教育记录，除非学校事先获得家长的书面同意，或同意要求的例外情况。

通知

- 学区必须每年通知学生家长他们在《家庭教育权与隐私权法》下享有的权利。

修改

- 学校必须制定程序，允许家长申请修改教育记录，同时设立听证程序，以备家长不同意学校不修改某项记录的决定时使用。

执行

- 教育部设立了家庭政策合规办公室（Family Policy Compliance Office）和行政法法官办公室，以执行《家庭教育权与隐私权法》的合规性、审查和调查投诉，家庭政策合规办公室还提供有关遵守《家庭教育权与隐私权法》的技术援助。

图 12.1 《家庭教育权与隐私权法》的五个组成部分

1. 学区必须制定关于学生记录的书面政策，并每年向家长告知他们在《家庭教育权与隐私权法》下的权利。

2. 家长有权访问其孩子的教育记录。

3. 家长有权质疑记录的准确性。

4. 未经家长同意，禁止向第三方披露这些记录。

5. 家长可根据《家庭教育权与隐私权法》对学校未遵守法律的行为进行投诉。

由于《家庭教育权与隐私权法》涉及教育记录的保密问题，因此我们有必要对教育记录进行定义。教育记录是指所有包含与学生直接相关的个人身份信息的档案、文件和其他材料，这些档案、文件和材料由学校或学校代理人保存（Yell，2019）。确定《家庭教育权与隐私权法》未涵盖的教育记录也很有帮助。教师针对特定学生所做的个人笔记不被视为教育记录，只要这些笔记不透露给其他人（代课老师除外）。执法活动记录（如学校警官）只要是出于执法目的而保存，就不被视为教育记录。此外，诸如姓名、地址、出生日期、电话号码和电子邮件地址等目录信息也不被视为教育记录。

关于残疾学生，《残疾人教育法》已确定教育记录的定义包括：(a) 个性化教育计划；(b) 学校评估、医疗评估、独立教育评估以及与学生教育表现有关的任何其他文件；(c) 个性化教育计划会议的记录；(d) 正当程序听证会的记录；(e) 向学校提出的申诉；以及(f) 与申诉有关的信件和调查结论（如果其中包含可识别个人身份的信息）。

《家庭教育权与隐私权法》与《健康保险流通与责任法》（Health Insurance Portability and Accountability Act）。1996 年《健康保险流通与责任法》经常被与《家庭教育权与隐私权法》混淆。《健康保险流通与责任法》于 1996 年颁布，旨在通过制定国家电子医疗保健交易标准，提高医疗保健系统的效率，同时保护个人可识别的健康信息的隐私和安全。《健康保险流通与责任法》要求保护个人的健康（即医疗）记录和其他可识别的健康信息，要求采取适当的保障措施保护隐私。当学校为学生提供医疗保健时，它必须遵守《健康保险流通与责任法》的规定。因此，《家庭教育权与隐私权法》和《健康保险流通与责任法》之间的主要区别在于，《家庭教育权与

140

隐私权法》涉及教育记录，而《健康保险流通与责任法》涉及健康记录。

保密性与免费适当的公立教育有何关系？

《家庭教育权与隐私权法》的第一个基本方面是隐私。包含个人身份信息（如学生姓名）的教育记录几乎总是受到《家庭教育权与隐私权法》的保护。因此，最佳做法是在披露任何包含个人身份信息的记录之前，先征得书面同意，或在披露之前删除记录中的所有个人身份信息。

《家庭教育权与隐私权法》的一个主要例外是，教育记录可披露给有合法教育利益的教育人员。大多数符合条件的残疾学生在普通教育教室接受大部分教育（National Center for Education Statistics, 2020）。从历史上看，普通教育教师并不了解为学生提供的特殊教育服务的具体情况。这在初中和高中造成了一个特别的问题，因为在这些学校里，学生一天中往往有多位教师。虽然要求一名普通教育教师加入学生的个性化教育计划小组并参加个性化教育计划会议，但其他那些教师呢？ 如果教师不知道学生个性化教育计划的内容，他们就无法提供服务、便利措施或调整。不执行个性化教育计划并按照约定提供服务，显然违反了免费适当的公立教育。

因此，学生的个性化教育计划可以也应该与该学生的所有教师（包括教辅人员）共享。为谨慎保护学生个性化教育计划的隐私，许多学校都会通过"个性化教育计划一览"（IEP at a Glance）等表格提供学生个性化教育计划的总结。

总结概述了具体人员的责任，以便在所有环境中按照书面规定执行个性化教育计划。根据需要向教师提供学生个性化教育计划的总结，可为学生的隐私提供一层保护，并在确保符合《家庭教育权与隐私权法》的基础上更上一层楼。然而，收到个性化教育计划一览表的教师如果需要更多信息，仍应可以查阅完整的个性化教育计划。当出现其他问题时，他们还应该能够安排时间与特殊教育教师或个案主管会面。

《家庭教育权与隐私权法》的第二个基本方面，即家长查阅教育记录，与免费适当的公立教育直接相关。在第八章中，我们讨论了家长参与这一特殊教育支柱。家长参与的一个关键要素是家长有意义地参与到其子女个性化教育计划的规划和进度监测中。无法查阅其子女教育记录的家长将无法进行有意义的参与。家长有权查阅其子女的教育记录，这使他们有机会作为知情成员参与子女特殊教育服务的决策过程。

141

哪些法规和判例规定了残疾学生的保密性？

2002 年奥瓦索独立学区诉法尔沃案(Owasso Independent School District v. Falvo)。美国最高法院只审理过一起有关学生隐私和保密的案件。该案并未涉及在校外或与外部机构共享学生档案的问题，但涉及在教室内共享学生成绩的问题。在奥瓦索独立学区诉法尔沃案中，克里斯塔·法尔沃（Kristja Falvo）要求奥瓦索独立学区禁止学生互评，即允许学生互相给考试、试卷和作业打分的做法，因为这让她的孩子感到不安。显然，学生们必须交换试卷，按照老师的指示评分，然后大声或私下报告分数。虽然学生可以私下向老师报告成绩，但至少有一名其他学生知道他们的成绩。该家长认为，已评分的试卷属于教育记录，属于《家庭教育权与隐私权法》的管辖范围。该家长认为这种做法违反了《家庭教育权与隐私权法》的隐私权规定，因为在没有家长书面同意的情况下，学校将机密的教育记录透露给了其他人。当学区拒绝停止学生互评时，该家长对学区提起诉讼，声称学生互评违反了《家庭教育权与隐私权法》。奥瓦索独立学区声称，教育记录只是学生永久记录或档案的一部分，而不是个别试卷或作业的分数。奥瓦索独立学区诉法尔沃一案的核心问题是，学生互评的做法是否违反了《家庭教育权与隐私权法》？

最高法院在裁决中一致表示，学生互评不违反《家庭教育权与隐私权法》。最高法院指出，学生互评是教师和学校有权选择的一种教育体验。最高法院的理由是，学生互评的项目不构成教育记录，并指出："学生评分者只是在老师喊出答案时处理作业片刻。说他们像登记员一样将学生的文件夹保存在永久档案中，是天方夜谭。"(Owasso Independent School District v. Falvo, 2002) 此外，裁决意见还指出，每个学生评分者都不符合《家庭教育权与隐私权法》对"为教育机构行事的人"的定义。然而，最高法院确实澄清，一旦这些成绩被记入由教师保存的永久性成绩册，那么这些成绩就成为《家庭教育权与隐私权法》下的教育记录。

《联邦法规汇编》第 34 编第 99 部分(34 C.F.R. Part 99)。如第一章所述，监管法规为实施成文法提供了解释和指导。监管法规《联邦法规汇编》第 34 编第 99 部分对《家庭教育权与隐私权法》成文法 (Electronic Code of Federal Regulations, 2020) 提供了全面的解释。该法规分为五个小节：

142

- 小节 A——一般规定。
- 小节 B——检查和审查教育记录的权利有哪些？
- 小节 C——修改教育记录的程序是什么？
- 小节 D——教育机构或学校是否可以披露教育记录中的个人身份信息？
- 小节 E——有哪些执行程序？

每个小节下都有几个问题，如"家长或符合资格的学生如何申请修改学生的教育记录？"和"投诉应提交至何处？"通过提供相关的《家庭教育权利与隐私法》条文，对每个小节和子问题进行回答。《联邦法规汇编》第34编第99部分是家庭、学生和教育机构了解和遵守《家庭教育权与隐私权法》规定的宝贵资源。

根据联邦法规和其他下级法院的裁决，在处理保密问题时应记住以下一些重要提示：

1. 一般不被视为侵犯隐私的目录信息（如姓名、电子邮件、出生日期）不被视为机密信息。不过，家长可以选择不让孩子的目录信息被披露。

2. 提供教育记录的副本和口头传播记录中的信息没有区别。

3. 家长有权查阅其孩子保存的任何教育记录。

4. 未经其他家长许可，家长只能访问与自己孩子有关的信息，而不能访问其他孩子的信息。

5. 如果家长发现错误，可以要求修改其孩子的教育记录。

6. 学校需要定期告知家长根据《家庭教育权与隐私权法》享有的权利。

7. 学校需要确保在发布任何机密信息之前获得家长的签名同意。

8. 学校可以向有正当理由了解学生教育效益的教职工披露教育记录。

9. 如果学生已经在新学校就读，学校可以向该校披露教育记录。

10. 每次查阅或披露教育记录时，学校都必须保存有关各方查阅教育记录的记录。记录必须包括当事人的姓名、查阅日期以及允许当事人查阅记录的原因。

哪里可以找到更多关于保密性的信息？

美国教育部（U.S. Department of Education）。如需进一步阅读，请参阅美国教育部关于《家庭教育权与隐私权法》的常见问题解答。该文件涉及为学生提供服务和向他人披露信息相关的九个问题。该文件可在 https://www2.ed.gov/policy/gen/guid/fpco/faq.html 找到。

还建议教育工作者查看《〈家庭教育权与隐私权法〉家长指南：与子女教育有关的权利》（Parents' Guide to the Family Educational Rights and Privacy Act: Rights Regarding Children's Education），其中回答了诸如"还有谁能看到我孩子的教育记录？"等问题。你可以在此找到该网站：https://www2.ed.gov/policy/gen/guid/fpco/brochures/parents.html。

保护学生隐私（Protecting Student Privacy）。美国教育部提供的一项综合资源，包括指导文件、培训材料、政策信函以及其他致力于保护学生隐私的资源。你可以在此访问该网站：https://studentprivacy.ed.gov/resources。

关键术语

个性化教育计划一览：一个缩略文档，为学生的个性化教育计划提供快速参考。

第三方：某一情况中主要涉及的双方之外的个人或团体。

讨论问题

1. 为什么残疾儿童的家长有权访问其孩子的教育记录？

2. 为什么残疾学生的教师了解该学生的个性化教育计划的内容很重要?

3. 学校可以采取哪些最佳实践来确保不违反《家庭教育权与隐私权法》?

4. 为什么特殊教育教师通常比普通教育教师更关注《家庭教育权与隐私权法》规定的违规行为?

5. 查阅《联邦法规汇编》第 34 编第 99 部分,并回答关于《家庭教育权与隐私权法》的以下问题:在什么情况下不需要事先同意即可披露信息?

参考文献

Bathon, J., Gooden, J. S., & Plenty, J. A. (2017). Student record. In J. R. Decker, M. M. Lewis, E. A. Shaver, A. E. Blankenship-Know, & M. A. Paige (Eds.). The principal's legal handbook (6th ed.), pp. 103—116. Education Law Association.

Electronic Code of Federal Regulations. (2020). Retrieved from https://www.ecfr.gov/cgi-bin/text-idx?tpl=/ecfrbrowse/Title34/34cfr99_main_02.tpl.

Family Educational Rights and Privacy Act, 20 U.S.C. § 1232g (1974).

Individuals with Disabilities Education Act of 2004, 20 U.S.C. §§ 1400.

McCarthy, M. M., Cambron-McCabe, N. H., & Eckes, S. E. (2013). Public school law: Teachers' and students' rights (7th ed.). Merrill/Pearson Education.

National Center for Educational Statistics. (2020). The condition of education: Students with disabilities. U.S. Department of Education. Retrieved from https://nces.ed.gov/programs/coe/indicator_cgg.asp#:~:text=In%202018%E2%80%9319%2C%20 the%20number,percent%20had%20specific%20learning%20disabilities.

Owasso Independent School District v. Falvo 534 U.S. 426 (2002).

US Department of Education. (2020). Student Privacy Policy Office. Retrieved from https://studentprivacy. ed. gov/sites/default/files/resource _ document/file/FERPA%20and%20Coronavirus%20Frequently%20Asked%20Questions_0.pdf.

Yell, M. L. (2019). The law and special education (5th ed.). Pearson Education.

144

每一位特殊教育者都需要
知道的关键术语

504 计划： 504 计划是为有残疾但不需要特殊教育服务的学生制定的计划。该计划可确保学生获得教育和服务。

学业成绩差距： 不同学生群体之间在学业成绩上的差距。

学业方面： 与核心学科领域的学习有关，如阅读、写作和数学。

便利： 在不修改课程的情况下，弥补学习者弱点的课程便利。

改变： 教育环境的改变，通过弥补残疾学生的弱点，使他们能够参与到融合环境中。

足够的年度进展： 为使成绩较差的儿童达到对所有儿童所期望的高表现水平，第一章下的每所学校和学区每年需要实现的进步幅度。

裁决性： 法官或仲裁员对争议问题作出裁决的过程。

年度审查： 个性化教育计划小组的年度会议。

适当的教学： 以科学和证据为基础的教学。

辅助技术： 残障人士使用的技术，用于协助实现可能有困难的功能。助行器、轮椅、屏幕阅读器和放大设备都属于辅助技术。

注意力缺陷/多动症： 学生在集中注意力和静坐方面存在困难。患有注意力缺陷/多动症的儿童有时有资格根据《残疾人教育法》的"其他健康障碍"残疾类别获得特殊教育服务。

自闭症：一种严重影响言语和非言语沟通及社会交往的发育障碍，通常在 3 岁前显现，并对儿童的学习成绩产生不利影响。

基线：有关学生当前学业水平的数据。

行为干预计划：根据《残疾人教育法》的要求，以功能性行为评估的结果为基础制定的计划，其中包括针对令人担忧的行为的干预策略。

行为计划：关于如何预防挑战性行为以及当挑战性行为发生时如何处理的书面课程。行为计划应明确规定惩罚制度，以及由谁负责修订，小组何时开会讨论计划的更新。

146

行为支持计划：针对妨碍学生或班级中其他人学习的行为而制定的积极行动计划。

模板：可以重复使用而无需进行重大更改的书面文本。

明确标准测试：明确表述且易于遵循的规则。

改变安置：学生的最少限制环境安置发生变化。

"寻找儿童"计划：《残疾人教育法》规定的一项计划，要求各州持续寻找和评估可能有残疾的儿童。

集体诉讼：一种诉讼类型，其中一方当事人是一群人，由该群体的一名成员作为集体代表。

相当的公立教育：与非残疾同龄人相当的教育。不必是完全相同的教育，但必须具有可比性。

强制：法律要求；义务。

选民(Constituents)：政客所代表的选举区或州的人民。

连续安置：从限制性最小（普通教育教室）到限制性最大（寄宿医院/机构）的学生个性化教育计划实施的教育安置环境范围。

控制权：上级法院对其管辖范围内的下级法院的权力。

上诉法院：负责确定初审法院在审判中是否正确适用法律的法院。

耳聋：一种严重的听力障碍，儿童无法通过听力处理语言信息，无论是否使用扩音器。

被告：被指控犯罪的个人、企业或组织。

最低限度：拉丁语，意为"最小的事情"。最低限度的教育效益略高于没有教育效益。

发育迟缓：在以下一个或多个儿童发育领域的延迟：认知发育、身体发育（包括视力和听力）、交流发育、社会或情感发育以及适应性发育（包括饮食技能、穿衣和如厕技能以及其他个人责任领域）。

弱势群体：来自贫困家庭的学生。

差异模式：通过比较智商和学业成绩来确定学习障碍。

正当程序听证：类似于法庭审判，争议双方都可以提出证据、传唤证人并进行法律辩论。听证官或法官负责监督庭审并作出判决。

早期干预：根据《残疾人教育法》的规定，为出生至3岁的高危儿童提供服务。

效能：实现预期目标的有效性或能力。

选民（Electorate）：一个国家中有选举权的人。

情绪或行为障碍：长期表现出一种或多种特定的情绪或行为障碍，程度明显，对学习成绩产生不利影响。

支出：花费的金额。

忠诚度：按照最初制定的协议或计划模式实施干预的程度。

开国元勋：美国宪法的编制者。

免费适当的公立教育：根据《残疾人教育法》，每个学生都有权获得的教育。每个学生都有权接受适合其独特需求的教育，且家长无需支付任何费用。

147

功能性行为评估：《残疾人教育法》规定的一种程序，用于确定学生做出特定行为的原因。

功能方面：与学生在日常生活活动方面的能力有关，例如，自理能力、日常生活能力以及与工作相关的行为。

善意地努力：真诚和诚实地努力。

听力障碍：听力方面障碍，无论是永久性的还是波动性的，都会对儿童的学习成绩产生不利影响。

个性化教育计划一览：一个缩略文档，为学生的个性化教育计划提供快速参考。

个性化教育计划小组：由合格的专业人员组成的小组，至少包括家长、特殊教育教师、测试数据解释者、学区代表和普通教育教师。该小组就符合条件的儿童的教学计划（包括安置和提供的服务）作出决定。

In loco parentis：拉丁语，意为"代职家长"。这是普通法赋予学校监督和教育在校儿童的特殊权力。

融合：一种教育理念，即残疾学生应与非残疾学生一起接受教育，并得到支持和服务。

独立教育评估：由非受雇于学区的合格考官展开的评估。

个性化：针对个人情况的具体和独特的方法。

个性化教育计划：学区与家长之间定义特殊教育服务的法律文件。

个性化家庭服务计划：类似于个性化教育计划，但适用于从出生到3岁的儿童。

《残疾人教育法》：该法保障所有残疾学生的教育权利，并规定学区因学生残疾而拒绝为其提供教育的行为违法。

知情同意：家长签署的同意书，说明家长同意的内容；在学区评估、修改、继续或停止儿童项目服务之前，必须获得知情同意。

禁令：强制一方实施或不实施特定行为的司法命令。

智力障碍：一般智力功能明显低于平均水平，与适应行为缺陷同时存在，并在发育期间表现出来，对儿童的教育表现产生不利影响。

智商： 用于确定获得特殊教育服务资格的衡量标准之一。

机构间计划： 将职业治疗、语言病理学、医疗服务和咨询等不同学科的专业人员聚集在一起的计划。

干预： 教育工作者用来帮助在某项技能或课程上有困难的学生在课堂上取得成功的一套教学程序。

管辖权： 在特定责任领域内授予的权力。

最少限制环境： 《残疾人教育法》的一项规定，即残疾学生应在最大程度上与非残疾学生一起接受教育。

法律先例： 确立法律原则并应用于具有类似事实的其他案件的裁决。

148　**教育效益程度：** 一个人预计能在功能或学术上取得的进步程度。

生活技能教室： 为有较严重残疾的学生开设的特殊教育教室。经过修改的课程侧重于针对学生个性化需求的功能、适应性、社交和学术技能。

主流化： 一个过时的术语，代表了一种教育理念，即残疾学生应在一天中的部分时间（如课间休息、非学术课程、午餐）与非残疾同龄人在一起。

行为判定： 根据《残疾人教育法》的要求，确定学生的行为是否与残疾有关（即由残疾引起）的过程。

有意义的： 严谨的、重要的或者有用的品质或目的。

修改： 通过改变或降低期望或标准来弥补学习者弱点的课程调整。

多学科团队： 由来自多个学科的人员（如特殊教育教师、普通教育教师、心理学家、校长）组成的团队，他们对学生进行特殊教育评估，并合作制定个性化教育计划。

多重残疾： 同时存在的缺陷（如智力障碍和失明、智力障碍和肢体障碍等），这些障碍的组合造成了严重的教育需求，以至于他们无法在单独针对其中一种缺陷的特殊教育计划中得到满足。该术语不包括聋盲。

母语：个人的第一语言。学区在认定学生有残障并提供特殊教育服务之前，必须用学生的母语对其进行评估，或提供英语熟练程度的证明文件。

非歧视性：不偏袒或反对任何学生个体或群体。

客观：定义；明确；基于事实而非观点。

职业治疗师：通过日常活动的治疗性使用来治疗受伤、疾病或残疾病人的专业人员。

肢体障碍：可能影响肢体活动的身体残疾。

其他健康障碍：《残疾人教育法》中的一种残疾类别，患有与健康相关的疾病的学生可能有资格接受特殊教育。一些障碍包括注意力缺陷/多动症、糖尿病、癫痫、心脏病、血友病、铅中毒、白血病、肾炎、风湿热、镰状细胞性贫血和抽动秽语综合征。

比例过高：某一群体在某一类别中的比例超过了对该群体的预期。

议会程序：立法部门起草立法、辩论立法以及投票批准或否决立法的程序。

表现缺陷：社会或语言技能缺陷，指学生理解了某项技能，但却无法持续运用。

基于表现的测试：用于帮助确定儿童是否有资格接受特殊教育服务的评估，如伍德考克·约翰逊（Woodcock Johnson）或韦克斯勒（Wechsler）个人成就测验（WIAT）。

说服力：下级法院或其他辖区法院的书面意见，法官没有义务遵循，但可能为法官的裁决提供参考。

物理治疗师：帮助受伤或患病者改善运动和减轻痛苦的专业人员。

特殊教育的支柱：《残疾人教育法》的主要原则，重点关注学生的权利和公立学校对残疾学生的责任。

原告：提起诉讼的个人、企业或组织。

149

积极行为支持：一种消除挑战性行为并代之以亲社会技能的方法。

预先决定：事先安排、解决或定案。

目前水平：个性化教育计划的一个组成部分，它规定了学生的强项和弱项、当前的学业成绩水平和当前的功能表现水平。

程序性权利：必须遵循的程序，以确保根据《残疾人教育法》提供的特殊教育权利得到保障。

专业知识：因职业而拥有的一套独特的技能、知识和经验。

进度监测：定期收集数据以监测学生在实现目标方面的进展。

条款：法律中保护合同一方或双方利益的必要指令。

合理便利：为残障学生提供与非残障同龄人相似的便利机会，而不会造成过重的经济或行政负担的适应措施。

重新授权：对权威、法律权力或权利的更新。

监管规定：由行政部门编写的指示，为如何实施和执行国会通过的法律提供指导。

相关服务：为帮助残疾学生从特殊教育中受益所需的交通以及发展性、矫正性和其他支持性服务。

调解会议：在正当程序听证会开始前举行的强制性会议。

资源教室：为残疾程度较轻的学生开设的特殊教育教室。针对学生的个性化需求提供专门的教学和学业辅导。残疾学生在资源教室上课的时间仅为一天中的部分时间或一周中的几次。

干预反应：通过测量学生对更高水平的学术支持的反应来确定学习障碍。

严格的：非常彻底、详尽和准确。

以科学为基础的研究：指（a）通过严谨的数据分析，运用观察和实验来检验既定假设的系统性和实证性研究；（b）依赖于能够在不同评估者和观察者之间提供有效数据的测量和观察方法；以及（c）已经被同行评审期刊接受，或者由一个相对严谨、客观和科学的评审小组中的独立专家批准的研究。

开创性：对后续发展产生重大影响。

专门设计的教学：调整教学内容、方法或授课方式，以满足学生的独特需求，并确保学生有机会学习普通教育课程。

特殊学习障碍：指在理解或使用口头或书面语言的一个或多个基本心理学过程中出现障碍，可能表现为听、想、说、读、写、拼写或数学计算能力不完善。特殊学习障碍包括感知障碍、脑损伤、轻微脑功能障碍、阅读障碍和发育性失语症。该术语不包括主要由视力、听力或运动障碍、智力障碍、情感障碍或环境、文化或经济劣势造成的学习问题。

言语或语言障碍：交流障碍，如口吃、发音障碍、语言障碍或嗓音障碍，对儿童的学习成绩造成不利影响。

150

语言病理学家：对交流和吞咽障碍进行诊断和治疗的专业人员。

支出条款："国会有权制定和征收税收、关税、附加税和货物税，以偿还债务，并为合众国的共同防御和总体福利提供经费……"第1条第8款第1项。

利益相关者：与特定结果利益相关的人。

标准化：以校准的方式，以便比较一个人与一组人的相对成绩。

保持现状条款：《残疾人教育法》的一个组成部分，要求学生在正当程序诉讼之前，留在其当前的教育安置中。

主观性：模棱两可；不易定义；用感觉和意见来解释。

实质性权利：对教育服务内容和质量的保护。

优先于：取代以前的权威；新的优先事项。

辅助器具和服务：在普通教育班级、其他与教育相关的环境、课外和非学术环境中提供的辅助器具、服务和其他支持，使残疾学生能在最大程度上与非残疾学生一起接受教育。

第三方：某一情况中主要涉及的双方之外的个人或团体。

过渡规划： 为促进学生从高中成功过渡到毕业后的活动（如高等教育、职业培训、就业、成人服务、独立生活和社会参与）而进行的规划。

过渡/过渡计划： 为即将年满16岁（或在某些州未满16岁）的学生制定的计划，必须有一个过渡目标和计划，概述他们将如何走向高中后的生活。

创伤性脑损伤： 由于外部物理力量造成的后天性脑损伤，导致完全或部分功能障碍，或心理损伤，或两者兼有，从而对儿童的学业表现产生不利影响。

初审法院： 案件首先在这里通过事实调查程序进行审理，由陪审团根据原告或被告的案情强度作出裁决的法院。

三年期评估： 每三年一次的评估，以确保学生是否需要特殊教育。

否决权： 宪法赋予的拒绝立法机构所作决定或提案的权利。

视力障碍： 即使经过矫正，仍对儿童的教育表现产生不利影响的视力障碍。该术语包括偏盲和失明。

零拒绝： 《残疾人教育法》中"寻找儿童"条款的一个组成部分，确保无论残疾程度如何，任何儿童都不能被剥夺接受免费适当的公立教育的权利。

索　引

（索引中的页码为原书页码，即本书边码）

academic achievement gaps, 学业成绩差距，20，25

access to records, 获得记录，110—111，140—141

ADA. See Americans with Disabilities Act, 参见《美国残疾人法》

adequate yearly progress（AYP），足够的年度进展，22，25

adjudicative, 裁决性，112，115

advocacy, 倡导，16—17

African Americans：racial bias and discrimination of, 非裔美国人：种族偏见和歧视，64；racial segregation and, 种族隔离，17—18，83

AIR. See American Institute for Research, 参见美国研究所

Amanda J. v. Clark County School District, 阿曼达·J. 诉克拉克县学区案，76，103

amendment reauthorization, 修订和重新授权，21，26，61，110

American Institute for Research（AIR），美国研究所，25

Americans with Disabilities Act（ADA）（1990）：ADA National

187

bright-line test，明确标准测试，135，136

Brown v. Board of Education（1954），1954 年布朗诉教育委员会案，17—18，23，83，91

Buckley amendment，巴克利修正案，138

Bureau for the Education of the Handicapped，残障者教育局，20

Burlington v. Massachusetts Department of Education（1985），1985 年伯灵顿诉马萨诸塞州教育部案，114—115

Bush, George H. W.，乔治·H. W. 布什，36

Butler, Keith，基思·巴特勒，119

case law，判例法，10—11，23—24

CEC. See Council for Exceptional Children，CEC，参见特殊儿童委员会

Center for Parent Information and Resources，家长信息和资源中心，39，66，80，93，106

change in placement，改变安置，121—124，126

child-find obligation，"寻找儿童"的义务，59—60，66

CIC procedure. See clean intermittent catheterization procedure，CIC 程序，参见清洁间歇导尿术

class-action lawsuit，集体诉讼，18—19，26。See also court cases，另见法庭案件

clean intermittent catheterization（CIC）procedure，清洁间歇导尿术，134—135

Cline, Jenifer，詹妮弗·克莱恩，107

communication，沟通，105

comparable public education，相当的公立教育，36，39

complaints，投诉，112

compulsory，强制性，16，26

教学

图书在版编目(CIP)数据

特殊教育法要义 / (美) 安德鲁·M. 马克尔茨
(Andrew M. Markelz), (美) 大卫·F. 贝特曼
(David F. Bateman) 著; 刘玥译. -- 上海 : 上海人民
出版社, 2025. -- (教育法律经典译丛). -- ISBN 978
-7-208-19415-1

Ⅰ. D971.221

中国国家版本馆 CIP 数据核字第 2025QC6099 号

责任编辑　伍安洁
封面设计　苗庆东

教育法律经典译丛

特殊教育法要义

[美]安德鲁·M. 马克尔茨　　[美]大卫·F. 贝特曼 著
刘　玥 译

出　　版　上海人民出版社
　　　　　　(201101　上海市闵行区号景路 159 弄 C 座)
发　　行　上海人民出版社发行中心
印　　刷　江阴市机关印刷服务有限公司
开　　本　635×965　1/16
印　　张　14
插　　页　2
字　　数　165,000
版　　次　2025 年 4 月第 1 版
印　　次　2025 年 4 月第 1 次印刷
ISBN 978 - 7 - 208 - 19415 - 1/D · 4477
定　　价　58.00 元